1

Le 25 novembre 1991, Nirvana interprète le morceau *Smells Like Teen Spirit* sur le plateau de l'émission *Top of the Pops* de la BBC. Dès les premiers accords de la chanson, et jusqu'à la fin de la séquence, les membres du groupe vont s'évertuer à dévoiler aux téléspectateurs qu'une partie de leur interprétation est en réalité exécutée en play-back: le bassiste Krist Novoselic lance sa basse dans tous les sens sans jamais en toucher une corde, Dave Grohl s'agite telle une marionnette désarticulée derrière sa batterie, tandis que Kurt Cobain mime ce que serait le jeu de guitare d'un automate, voire ne joue tout simplement pas, tandis qu'il chante dans un registre comique, à la façon d'un chanteur lyrique amateur et très approximatif. De cette façon, ils donnent à voir que le son des instruments qui est diffusé provient d'une bande-son et nous font entendre que la partie vocale est, elle, interprétée en direct.

En mobilisant les champs du visible et de l'audible, tous deux caractéristiques de la musique jouée sur scène, le groupe met au jour l'objet d'un conflit avec les équipes de *Top of the Pops* (à savoir l'usage du play-back imposé par la chaîne). Et ce n'est pas à travers une prise de parole *a posteriori* qu'ils dénoncent cette mascarade, mais bien sur le coup, par la forme même de l'objet du conflit, le concert, et dans l'exercice même de leurs fonctions, en «jouant», rappelant aussi au passage qu'il n'y a pas de musique sans médiation, et que lorsque l'on est en présence de musique, celle-ci est toujours prise dans un espace médiatique dont les conditions structurent son écoute.

Un bref instant pendant l'émission, on aperçoit un autocollant sur la guitare de Kurt Cobain, arborant le mot «VANDALISM:» ainsi typographié, suivi d'un double point. Un caviardage réalisé à l'aide d'une bande adhésive noire masque en grande partie l'autocollant, dont la version complète aurait dû se lire ainsi: «VANDALISM: BEAUTIFUL AS A ROCK IN A COP'S FACE*». On peut émettre l'hypothèse que les équipes de la BBC ont exigé la censure de la phrase complète et que Cobain l'a acceptée, pour ne pas ignorer, par naïveté, les relations ambiguës qu'entretiennent «punk» et télévision, qui usent tous deux du spectaculaire comme d'un registre polysémique commun. La fin de l'émission est à ce sujet exemplaire: alors que l'on entend la chanson s'éteindre en *fade out* – le passage dure trois minutes là où le

* «Vandalisme: beau comme une pierre dans le visage d'un flic». L'autocollant était distribué avec l'album *Teachers in Space* du groupe punk Feederz. On peut également lire en plus petits caractères la mention: «*Courtesy of Feederz: Office of Anti-Public Relations*».

morceau original en compte cinq –, le groupe est rejoint sur scène par quelques figurants, qui passent ainsi du second au premier plan, pour une courte séquence de destruction de la batterie, seul instrument qui, vraisemblablement, n'appartienne pas aux musiciens. Si des téléspectateurs ont alors pu être médusés devant ce sabotage, d'autres ont pu tout aussi bien apprécier ce côté vandale que l'autocollant signale et qui met à mal le bien-fondé d'une émission musicale de ce type. La BBC et Nirvana y gagnent tous les deux, et ce qui reste à lire, ce «VANDALISM:», semble désigner cette séquence tout entière, à l'aide de ce signe de ponctuation particulier qui induit un lien de cause à conséquence, non pas comme un acte de destruction «sans motif légitime», mais comme la dégradation volontaire de ce concert pour en révéler sa part conflictuelle.

Olivier Huz

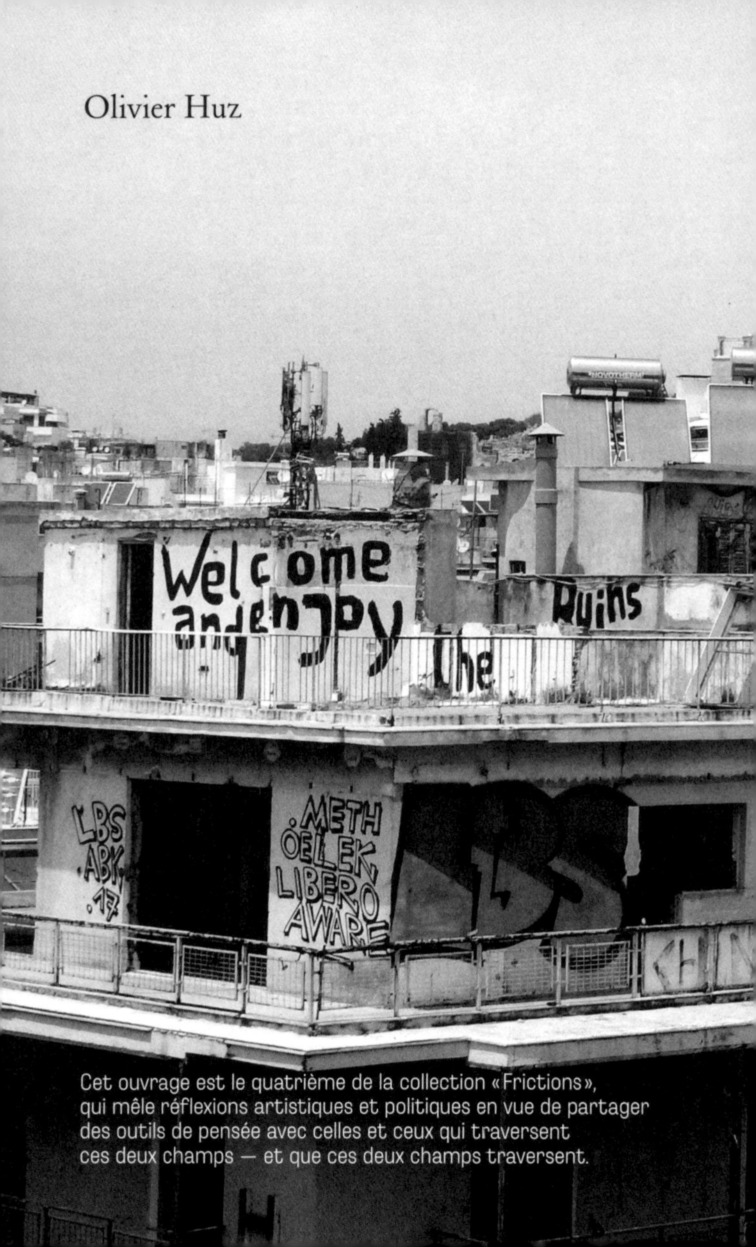

Cet ouvrage est le quatrième de la collection «Frictions», qui mêle réflexions artistiques et politiques en vue de partager des outils de pensée avec celles et ceux qui traversent ces deux champs — et que ces deux champs traversent.

Prendre l’image

Le graphisme
comme situation politique

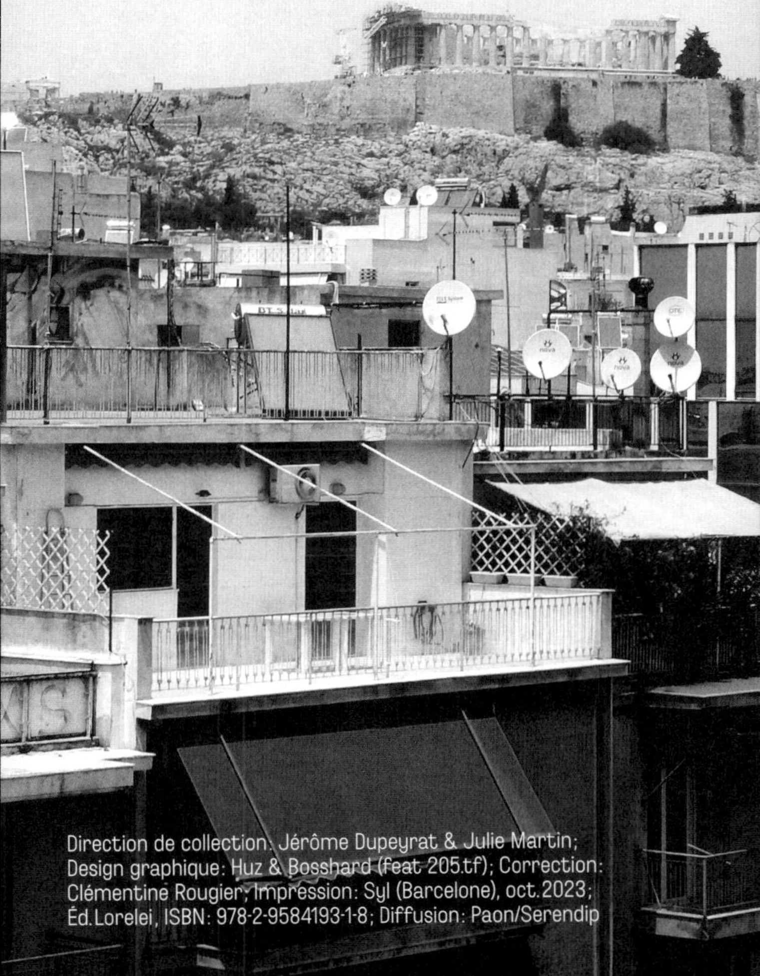

Direction de collection: Jérôme Dupeyrat & Julie Martin; Design graphique: Huz & Bosshard (feat 205.tf); Correction: Clémentine Rougier; Impression: Syl (Barcelone), oct. 2023; Éd. Lorelei, ISBN: 978-2-9584193-1-8; Diffusion: Paon/Serendip

Vue depuis la terrasse du Musée national d'art contemporain d'Athènes: Nektarios Pappas, *Welcome and Enjoy the Ruins*, 2017, graffiti. Photo: Julia Tulke

L'auteur remercie Pierre Bal-Blanc, Ariane Bosshard, Alexia de Visscher, Marco Fiedler, Pierre Huyghebaert, Achim Reichert, Julia Tulke. La recherche préalable à l'écriture de ce livre a bénéficié du soutien à un projet artistique du cnap, Centre national des arts plastiques.

Sous conditions

Avant d'aller plus loin, il faut d'abord s'entendre sur ce que je nommerai ici «graphisme», et dans quelles conditions s'exerce cette «discipline» des arts visuels qui recouvre des métiers et des façons d'exercer si variés. Traversé par des positions antagonistes qui ne se traduisent pas de manière évidente dans les formes, le graphisme, comme «art appliqué», est «au service» des projets d'un commanditaire qui a besoin de rendre publique une idée, de faire la promotion d'un événement, d'un produit, d'une activité. Je m'attacherai dans cet essai à cette pratique ordinaire du graphisme, qui engage une relation entre un commanditaire et un graphiste, réunis autour d'un sujet qui nécessite un travail de graphisme pour être rendu public. Dans ce cadre, le graphiste est en charge de mettre en forme un «message» qui lui est confié, et la mobilisation des «outils» du design (typographies, mise en page, formes et couleurs, images) est guidée par une certaine culture visuelle partagée et cadrée par les habitudes et les conventions relevant de la langue. Entre visibilité et lisibilité, les formes doivent attraper le regard, intriguer[1], et transmettre ce message de manière claire. Le design graphique, présent partout, n'est pourtant bien souvent que transparent: en tant qu'espace symbolique, il disparaît derrière ce qu'il représente, ce qu'il rend public, ce dont il tient lieu de.

De nombreux récits, inscrits dans l'histoire du champ du graphisme, ont permis de transformer cette

1. Jean-François Lyotard, «Intriguer, ou le paradoxe du graphiste», préface du catalogue de l'exposition *Vive les graphistes!*, Paris, Centre Georges Pompidou, Syndicat national des graphistes, 1990.

définition courante du design graphique en véritable idéologie. Lu pour la première fois lors d'une réunion de la British Typographer's Guild à Londres en 1930, le texte *Printing Should Be Invisible* de la typographe américaine Beatrice Warde défend un certain modernisme qui tient à distance fond et forme, contenu et mise en page, à travers une typographie voulue «invisible en tant que typographie[2]». Réédité plus tard sous le titre *The Crystal Goblet*, le texte compare la typographie à un verre de cristal, seul contenant adapté à la dégustation d'un grand vin. Transparente comme le cristal, la forme des lettres doit s'effacer derrière ce que ces dernières transmettent, n'ajoutant aucun bruit entre l'essence du «texte» et son lecteur. Cette prise de position sera ensuite reprise dans des termes différents, mais avec la même intensité, dans de nombreux livres édités par les designers suisses issus des écoles de Bâle ou Zurich dès la fin des années 1940. Pour les «modernistes» de la trempe de Beatrice Warde, le designer est un *problem-solver* spécialiste de la mise en page qui organise des «informations» avec la plus grande efficacité. Cette façon de faire – qui deviendra le «style international» – est encore défendue aujourd'hui par de nombreux designers et a instauré le graphisme comme une technologie au service de l'information, et les graphistes comme des ingénieurs de la forme.

Cette conception techniciste du graphisme s'inscrit d'ailleurs tout à fait dans le monde de la communication globalisée qui se développe dès le milieu

2. À ce propos, je suggère la lecture du livre de Thierry Chancogne, *Le Gobelet de cristal*, Nevers, Tombolo Presses, 2021, p.148.

du XXe siècle. En 1949, Claude E. Shannon et Warren Weaver publient *The Mathematical Theory of Communication*[3], un livre dans lequel est exposé un modèle théorique qui réduit la communication à un processus de transmission d'informations, représenté sous la forme d'un diagramme simple qui figure le déplacement d'un message depuis sa source jusqu'à sa destination. Pensé pour le réseau des télécommunications, en plein essor à cette époque, le modèle de Shannon et Weaver est rudimentaire tant sa finalité est tout entière tournée vers la résolution technique des meilleurs moyens pour acheminer cette information, quelle que soit sa nature. Le livre s'emploie à détailler des stratégies mathématiques et statistiques en vue de minimiser l'impact des interférences électromagnétiques auxquelles le canal, par lequel le message transite, est soumis – interférences représentées dans le dessin par une unique source de bruit. Malgré les limites de la théorie destinée en grande partie aux ingénieurs, la simplicité de ce diagramme a pu convenir à cette définition du design graphique tirée à grands traits ci-avant, et s'imposer comme ritournelle dans la pensée et la pédagogie du design graphique, devenant sa raison d'être, la transmission sans bruit d'une information.

Pourtant, aucune trace du designer graphique dans le modèle de Shannon et Weaver. En procédant par analogie, il est tentant de remplacer terme à terme les éléments du système en paraphrasant l'introduction de l'ouvrage : le commanditaire (*information*

3. Claude E. Shannon et Warren Weaver, *The Mathematical Theory of Communication* [1949], Urbana, University of Illinois Press, 1963.

source) confie un message au graphiste (*transmitter*) qui le transforme en un signal transmis à l'aide du graphisme (*communication channel*) à un public (*receiver* et *destination*). Ce signal est aussi transformé par des interférences, les conditions extérieures (*noise source*) interférant sur la bonne réception du message en ajoutant du bruit au signal. Ce processus est bien montré dans le film *A Communications Primer*, réalisé en 1953 par les designers Charles et Ray Eames. Dans ce documentaire, les Eames mettent en images *The Mathematical Theory of Communication*, édité seulement quatre ans plus tôt, et illustrent précisément, lors d'une séquence remarquable, ce que peut être une source de bruit et ce qu'elle fait au graphisme. On y voit un lecteur dérangé dans sa lecture de diverses manières : par le son soudain d'une assiette qui se brise, la lumière erratique et le bruit ambiant d'un voyage en train, la mauvaise impression du ruban encreur d'une machine à écrire. Symbolisé dans le film par des étoiles clignotantes qui agissent sur le *communication channel*, le bruit est un élément extérieur au système qui empêche la bonne réception du message.

Seulement, sitôt dressée, l'analogie que j'ai proposée plus haut pointe les limites du modèle mathématique. Le transmetteur décrit par Shannon et Weaver n'est qu'un dispositif technique du type combiné téléphonique ou émetteur radio, un objet incapable de penser ce qu'il transmet. Afin de pallier ces faiblesses, les auteurs proposent trois niveaux d'analyse qui tentent de résoudre ce que le bruit fait au signal, et d'anticiper ainsi les ajouts et les manques afin que le signal modifié soit bien décodé, admettant par ailleurs que leur théorie n'est sûrement qu'un point de départ.

Charles et Ray Eames, *A Communications Primer*, 1953, 22 minutes, photogrammes.

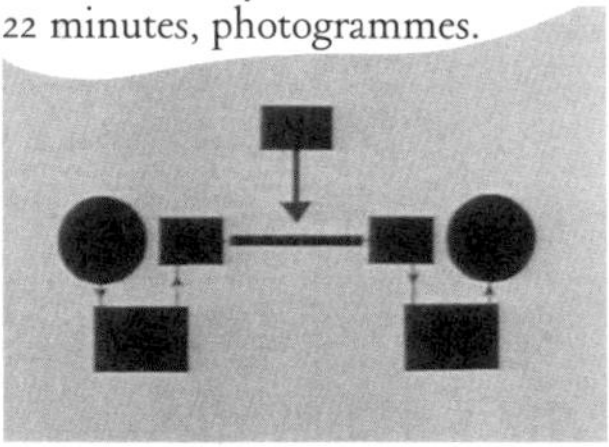

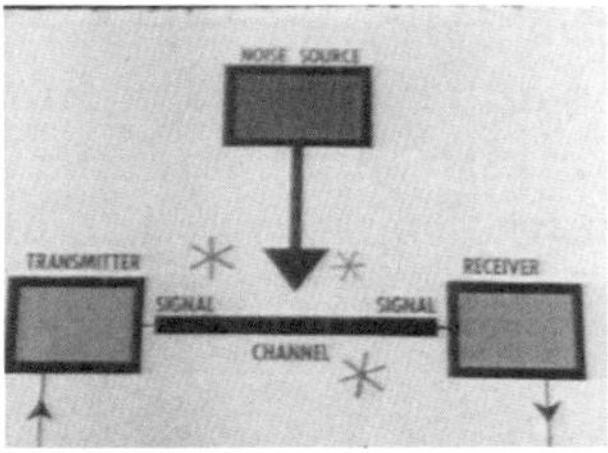

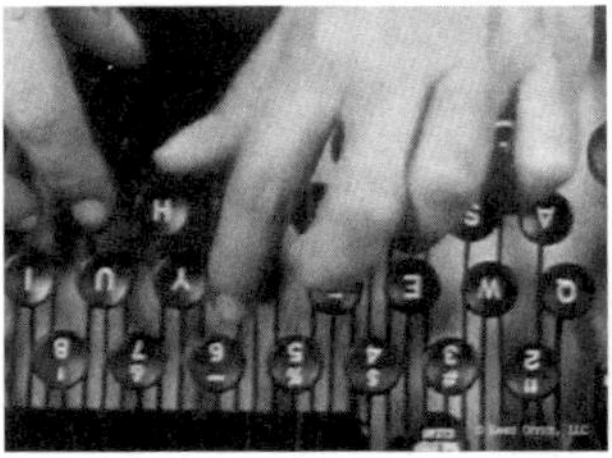

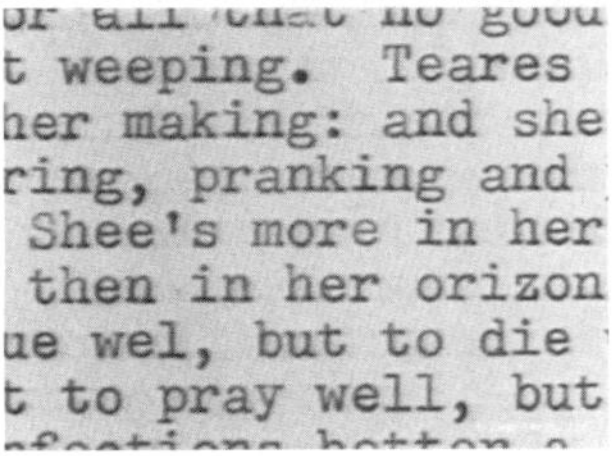

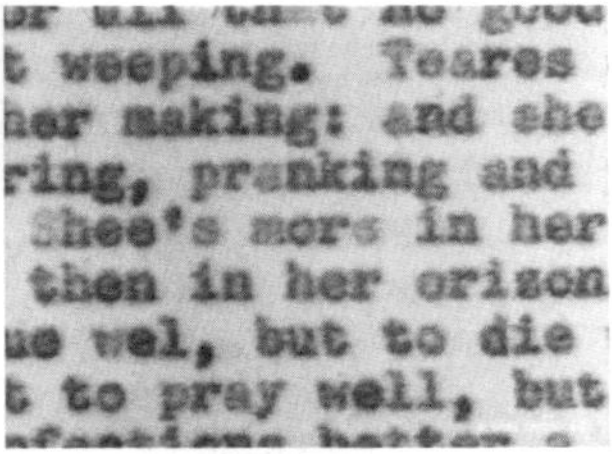

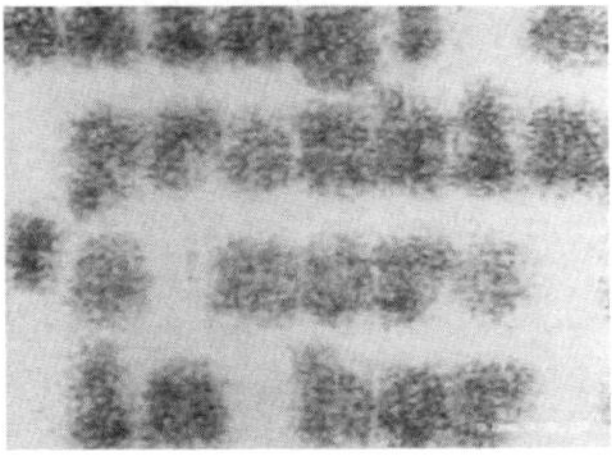

En 1949, des études linguistiques plus approfondies, prenant en compte le contexte et le sens des messages à transmettre, restaient à inventer: «Le langage doit être conçu [*designed*] (ou développé) en vue de la totalité des choses que l'homme peut vouloir dire, mais ne pouvant pas accomplir toutes les choses, il devrait faire aussi bien que possible aussi souvent que possible[4].» Faire aussi bien que possible pour produire une image fidèle aux intentions de son commanditaire, une image amplifiée (qui retient l'attention), qui résiste aux distorsions mais n'en produit guère serait, si l'on pense le graphisme d'après le modèle de Shannon et Weaver, la tâche du designer graphique.

Toutefois, il ne faut pas voir là une besogne contraignante. Si le graphisme peut tout à fait être «conforme» à ce que le client tente de dire, le graphiste peut s'être éloigné des désirs de ce dernier pour arriver à ses fins, il peut avoir reformulé, édité. Faire appel à un designer graphique, c'est s'en remettre effectivement à un «spécialiste» du champ visuel, à sa capacité d'invention. Les contraintes du métier, faut-il le préciser, ne sont pas à trouver dans les formes et les couleurs que le graphiste va mettre en discussion avec son commanditaire, allant parfois contre les intuitions premières de ce dernier, contre ses préférences, dans la construction graphique qui donne corps au «message». Les contraintes se situent dans la situation précautionneuse dans laquelle le designer se trouve, à la recherche d'un consensus entre toutes les parties, *a priori* nécessaire pour aboutir au projet

4. Claude E. Shannon et Warren Weaver, *The Mathematical Theory of Communication*, *op. cit.*, p. 27.

et faire adhérer à ce qu'il montre: consensus avec les intérêts du commanditaire, avec le public à travers la répétition d'éléments de langage, des textes et des images, déjà établis. Pour cela, le message, aussi complexe qu'il puisse être, est mis en forme par le graphiste pour écarter ce qui l'empêcherait d'advenir car, dès lors qu'un graphiste accueille une commande, nous supposerons qu'il est plutôt en accord avec son objet et n'a aucune raison ni envie d'empêcher ce message de prendre forme.

Et c'est précisément là, avec ce «plutôt en accord», que surgit une question: que faire de ce «plutôt»? Ou comment le transformer en «tout à fait»? Il s'agira alors, dans les pages qui suivent, de traiter de cette question à travers trois projets de design graphique dessinés pour le «monde de la culture»; un journal, une affiche et une identité visuelle envahis par le doute, le débat ou la conflictualité, à rebours de la seule tentation optimiste de ce type d'images, pensées à l'aune des stratégies marketing de l'ingénierie culturelle. À partir de ces projets, je tenterai de voir si, dans ces conditions, le politique peut advenir dans le travail, en envisageant un dépassement du graphisme axé sur l'angle de la bonne transmission d'une information et en considérant, à l'inverse et avec Jacques Rancière, qu'«il n'y a de politique que par l'interruption, la torsion première qui institue la politique comme le déploiement d'un tort ou d'un litige fondamental[5]».

5. Jacques Rancière, *La Mésentente. Politique et Philosophie*, Paris, Galilée, 1995, p.33. Il sera plusieurs fois question de ce livre de Jacques Rancière, dont la lecture m'a permis de formuler plusieurs hypothèses en imaginant ajouter un mot au sous-titre du livre: *Politique, Philosophie et Graphisme*.

Commencer par interrompre

En 2009, l'exposition documentaire *Africa. Avance rapide*[6] ouvre simultanément dans deux lieux du patrimoine bruxellois : le Musée royal de l'Afrique centrale et l'Atomium. Constituée de documents imprimés et de vidéos, de textes et d'images de différentes natures, *Africa. Avance rapide* est « une exposition qui se pose des questions, qui remet en cause des certitudes, qui tente d'aborder certains éclaircissements », est-il indiqué dans le journal d'exposition. Comme pour les exemples suivants, ce n'est pas l'exposition en elle-même qui sera l'objet de mes réflexions, mais plutôt le graphisme qui l'accompagne et, ici, précisément ce journal.

Genre à part entière des dispositifs de médiation, le journal d'exposition n'est bien souvent distribué qu'aux visiteurs de celle-ci. Celui de *Africa. Avance rapide* était également disponible à l'entrée de l'Atomium – dont le billet n'inclut pas systématiquement la visite de l'exposition temporaire – et dans quelques lieux bruxellois concernés par le sujet de l'exposition. Dessiné par le studio belge Speculoos[7], ce document imprimé à plusieurs milliers d'exemplaires exploite pleinement la forme canonique du journal : colonnes étroites, densité et hiérarchie typographique, recours

6. *Africa. Fast Forward/Avance rapide/Snel vooruit*, Tervuren, Musée royal de l'Afrique centrale et Bruxelles, Atomium, du 2 octobre au 13 décembre 2009.

7. Créée en 2000 par deux typographes-graphistes (Pierre Huyghebaert et Alexia de Visscher) et un architecte (François Dispaux), Speculoos est une structure collective basée à Bruxelles, désormais articulée autour de Pierre Huyghebaert, Sophie Boiron et plusieurs collaborateurs indépendants.

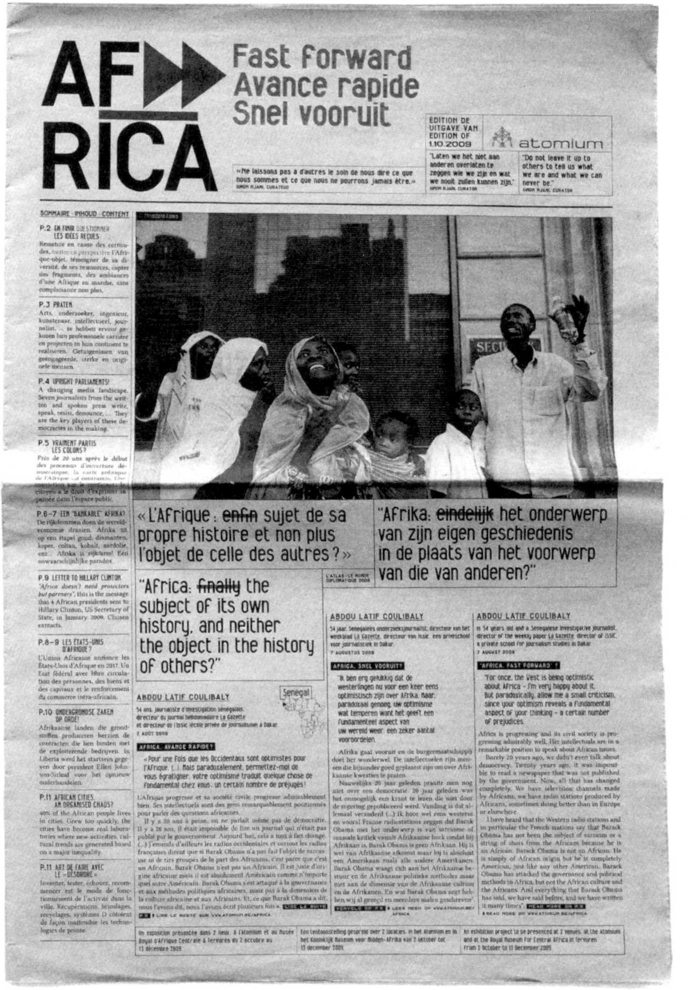

AF▶▶ RICA

Fast Forward
Avance rapide
Snel vooruit

«Ne laissons pas à d'autres le soin de nous dire ce que nous sommes et ce que nous ne pourrons jamais être.»
SIMON NJAMI, CURATEUR

EDITION DE
UITGAVE VAN
EDITION OF
1.10.2009

atomium

"Laten we het niet aan anderen overlaten te zeggen wie we zijn en wat we nooit zullen kunnen zijn."
SIMON NJAMI, CURATOR

"Do not leave it up to others to tell us what we are and what we can never be."
SIMON NJAMI, CURATOR

SOMMAIRE · INHOUD · CONTENT

P.2 ~~EN FINIR~~ QUESTIONNER LES IDÉES REÇUES
Remettre en cause des certitudes, mettre en perspective l'Afrique-objet, témoigner de sa diversité, de ses ressources, capter des fragments, des ambiances d'une Afrique en marche, sans complaisance non plus.

P.3 PRATEN
Arts, onderzoeker, ingenieur, kunstenaar, intellectueel, journalist, ... ze hebben ervoor gekozen hun professionele carrière en projecten in hun continent te realiseren. Getuigenissen van geëngageerde, sterke en originele mensen.

P.4 UPRIGHT PARLIAMENTS!
A changing media landscape. Seven journalists from the written and spoken press write, speak, resist, denounce, ... They are the key players of these democracies in the making.

P.5 VRAIMENT PARTIS LES COLONS?
Près de 20 ans après le début des processus d'ouverture démocratique, la carte politique de l'Afrique est contrastée. Une conviction sur le continent : le citoyen a le droit d'exprimer sa pensée dans l'espace public.

P.6–7 EEN "BANKABLE" AFRIKA?
De rijkdommen doen de wereldeconomie draaien. Afrika zit op een stapel goud, diamanten, koper, coltan, kobalt, aardolie, enz... Afrika is rijk/arm! Een onwaarschijnlijke paradox.

P.9 LETTER TO HILLARY CLINTON
"Africa doesn't need protectors but partners", this is the message that 4 African presidents sent to Hillary Clinton, US Secretary of State, in January 2009. Chosen extracts.

P.8–9 LES ÉTATS-UNIS D'AFRIQUE?
L'Union Africaine annonce les États-Unis d'Afrique en 2017. Un Etat fédéral avec libre circulation des personnes, des biens et des capitaux et le renforcement du commerce intra-africain.

P.10 ONDERGRONDSE ZAKEN OP ORDE!
Afrikaanse landen die grondstoffen produceren herzien de contracten die hen binden met de exploiterende bedrijven. In Liberia werd het startsein gegeven door president Ellen Johnson-Sirleaf voor het opnieuw onderhandelen.

P.11 AFRICAN CITIES, AN ORGANISED CHAOS?
40% of the African people lives in cities. Grew too quickly, the cities have become real laboratories where new activities, cultural trends are generated based on a major inequality.

P.11 ART DE FAIRE AVEC LE «DÉSORDRE»
Inventer, tester, échouer, recommencer est le mode de fonctionnement de l'activité dans la ville. Récupérations, bricolages, recyclages, systèmes D côtoient de façon inattendue les technologies de pointe.

« L'Afrique : ~~enfin~~ sujet de sa propre histoire et non plus l'objet de celle des autres ? »

"Afrika: ~~eindelijk~~ het onderwerp van zijn eigen geschiedenis in de plaats van het voorwerp van die van anderen?"

"Africa: ~~finally~~ the subject of its own history, and neither the object in the history of others?"

L'ATLAS – LE MONDE DIPLOMATIQUE 2009

Senegal

ABDOU LATIF COULIBALY
54 ans, journaliste d'investigation sénégalais, directeur du journal hebdomadaire La Gazette et directeur de l'Issic (école privée de journalisme) à Dakar
7 AOÛT 2009

AFRICA. AVANCE RAPIDE?

«Pour une fois que les Occidentaux sont optimistes pour l'Afrique, (...). Mais paradoxalement, permettez-moi de vous égratigner, votre optimisme traduit quelque chose de fondamental chez vous : un certain nombre de préjugés!

L'Afrique progresse et sa société civile progresse admirablement bien. Ses intellectuels sont des gens remarquablement positionnés pour parler des questions africaines.

Il y a 20 ans à peine, on ne parlait même pas de démocratie. Il y a 20 ans, il était impossible de lire un journal qui n'était pas publié par le gouvernement. Aujourd'hui, cela a tout à fait changé. (...) J'entends d'ailleurs les radios occidentales et surtout les radios françaises dirent que si Barak Obama n'a pas fait l'objet de sarcasme ni de tirs groupés de la part des Africains, c'est parce que c'est un Africain. Barak Obama n'est pas un Africain. Il est juste d'origine africaine mais il est absolument Américain comme n'importe quel autre Américain. Barak Obama s'est attaqué à la gouvernance et aux méthodes politiques africaines, mais pas à la dimension de la culture africaine et aux Africains. Et, ce que Barak Obama a dit, nous l'avons dit, nous l'avons écrit plusieurs fois » LIRE LA SUITE P.9 ▸ LIRE LE RESTE SUR WWW.ATOMIUM.BE/AFRICA

ABDOU LATIF COULIBALY
54 jaar, Senegalees onderzoeksjournalist, directeur van het weekblad La Gazette, directeur van Issic, een privéschool voor journalistiek in Dakar
7 AUGUSTUS 2009

AFRICA. SNEL VOORUIT?

"Ik ben erg gelukkig dat de westerlingen nu voor een keer eens optimistisch zijn over Afrika. Maar, paradoxaal genoeg, uw optimisme wat temperen want het geeft een fundamenteel aspect van uw wereld weer: een zeker aantal vooroordelen.

Afrika gaat vooruit en de burgermaatschappij doet het wonderwel. De intellectuelen zijn mensen die bijzonder goed geplaatst zijn om over Afrikaanse kwesties te praten.

Nauwelijks 20 jaar geleden praatte men nog niet over een democratie. 20 jaar geleden was het onmogelijk een krant te lezen die niet door de regering gepubliceerd werd. Vandaag is dat allemaal veranderd (...) Ik hoor wel eens westerse en vooral Franse radiostations zeggen dat Barak Obama niet het onderwerp is van sarcasme of massale kritiek vanuit Afrikaanse hoek omdat hij Afrikaan is. Barak Obama is geen Afrikaan. Hij is wel van Afrikaanse afkomst maar hij is absoluut een Amerikaan zoals alle andere Amerikanen. Barak Obama waagt zich aan het Afrikaanse bestuur en de Afrikaanse politieke methodes maar niet aan de dimensie van de Afrikaanse cultuur en de Afrikanen. En wat Barak Obama zegt hebben wij al gezegd en meerdere malen geschreven". VERVOLG OP P.9 ▸ LEES MEER OP WWW.ATOMIUM.BE/AFRICA

ABDOU LATIF COULIBALY
is 54 years old and a Senegalese investigative journalist, director of the weekly paper La Gazette, director of ISSIC, a private school for journalism studies in Dakar
7 AUGUST 2009

"AFRICA. FAST FORWARD"?

"For once, the West is being optimistic about Africa – I'm very happy about it. But paradoxically, allow me a small criticism, since your optimism reveals a fundamental aspect of your thinking – a certain number of prejudices.

Africa is progressing and its civil society is progressing admirably well. Her intellectuals are in a remarkable position to speak about African issues.

Barely 20 years ago, we didn't even talk about democracy. Twenty years ago, it was impossible to read a newspaper that was not published by the government. Now, all that has changed completely. We have television channels made by Africans; we have radio stations produced by Africans, sometimes doing better than in Europe or elsewhere.

I have heard that the Western radio stations and in particular the French stations say that Barack Obama has not been the subject of sarcasm or a string of shots from the Africans because he is an African. Barack Obama is not an African. He is simply of African origin but he is completely American, just like any other American. Barack Obama has attacked the governance and political methods in Africa, but not the African culture and the Africans. And everything that Barack Obama has said, we have said before, and we have written it many times". READ MORE ON P.9 ▸ READ MORE ON WWW.ATOMIUM.BE/AFRICA

Un exposition présentée dans 2 lieux : à l'Atomium et au Musée Royal d'Afrique Centrale à Tervuren du 2 octobre au 13 décembre 2009

Een tentoonstelling gespreid over 2 locaties: in het Atomium en in het Koninklijk Museum voor Midden-Afrika van 2 oktober tot 13 december 2009

An exhibition project to be presented at 2 venues: at the Atomium and at the Royal Museum for Central Africa in Tervuren from 2 October to 13 December 2009

Speculoos, journal de l'exposition *Africa. Avance rapide*,
Musée royal de l'Afrique centrale, Tervuren et Atomium, Bruxelles,
2009, 43 × 29 cm, 12 pages (couverture).

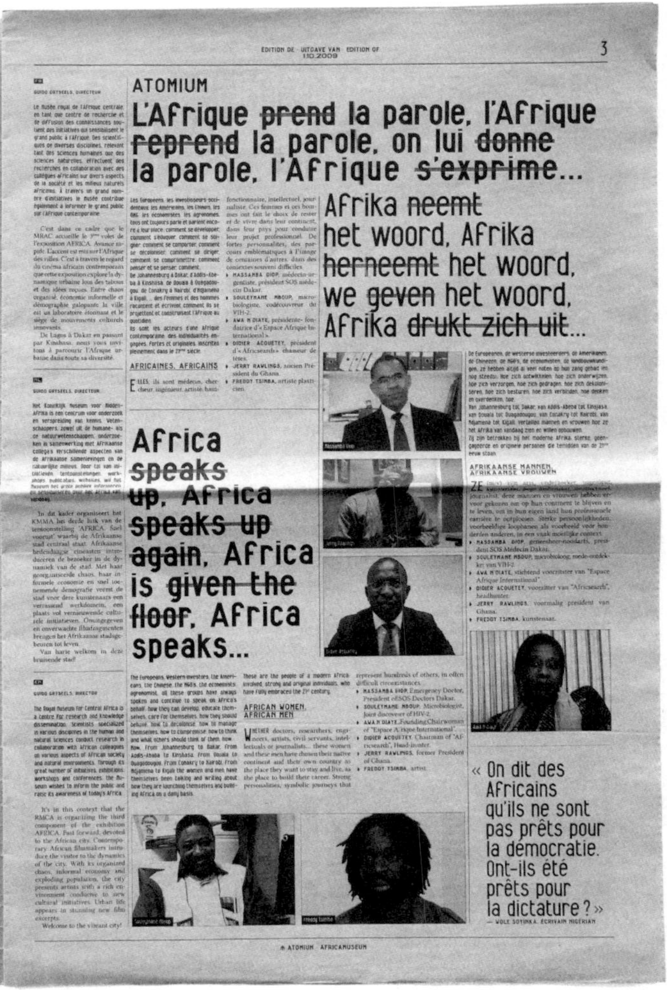
ÉDITION DE · UITGAVE VAN · EDITION OF 1.10.2009

3

FR

GUIDO GRYSEELS, DIRECTEUR

Le Musée royal de l'Afrique centrale en tant que centre de recherche et de diffusion des connaissances soutient des initiatives qui sensibilisent le grand public à l'Afrique. Des scientifiques de diverses disciplines, relevant tant des sciences humaines que des sciences naturelles, effectuent des recherches en collaboration avec des collègues africains sur divers aspects de la société et les milieux naturels africains. À travers un grand nombre d'initiatives le Musée contribue également à informer le grand public sur l'Afrique contemporaine.

C'est dans ce cadre que le MRAC accueille le 3ème volet de l'exposition AFRICA. Avance rapide. L'accent est mis sur l'Afrique des villes. C'est à travers le regard du cinéma africain contemporain que cette exposition explore la dynamique urbaine loin des tabous et des idées reçues. Entre chaos organisé, économie informelle et démographie galopante la ville est un laboratoire étonnant et le siège de mouvements culturels innovants.

De Lagos à Dakar en passant par Kinshasa, nous vous invitons à parcourir l'Afrique urbaine dans toute sa diversité.

NL

GUIDO GRYSEELS, DIRECTEUR

Het Koninklijk Museum voor Midden-Afrika is een centrum voor onderzoek en verspreiding van kennis. Wetenschappers, zowel uit de humane- als de natuurwetenschappen, onderzoeken in samenwerking met Afrikaanse collega's verschillende aspecten van de Afrikaanse samenlevingen en de natuurlijke milieus. Door tal van initiatieven, tentoonstellingen, workshops, publicaties, websites, wil het Museum het grote publiek informeren en sensibiliseren over het Afrika van vandaag.

In dit kader organiseert het KMMA het derde luik van de tentoonstelling 'AFRICA. Snel vooruit' waarbij de Afrikaanse stad centraal staat. Afrikaanse hedendaagse cineasten introduceren de bezoeker in de dynamiek van de stad. Met haar georganiseerde chaos, haar informele economie en snel toenemende demografie vormt de stad voor deze kunstenaars een verrassend werkdomein, een plaats vol vernieuwende culturele initiatieven. Onuitgegeven en onverwachte filmfragmenten brengen het Afrikaanse stadsgebeuren tot leven.

Van harte welkom in deze bruisende stad!

EN

GUIDO GRYSEELS, DIRECTOR

The Royal Museum for Central Africa is a centre for research and knowledge dissemination. Scientists specialized in various disciplines in the human and natural sciences conduct research in collaboration with African colleagues on various aspects of African society and natural environments. Through its great number of initiatives, exhibitions, workshops and conferences, the Museum wishes to inform the public and raise its awareness of today's Africa.

It's in this context that the RMCA is organizing the third component of the exhibition AFRICA. Fast forward, devoted to the African city. Contemporary African filmmakers introduce the visitor to the dynamics of the city. With its organized chaos, informal economy and exploding population, the city presents artists with a rich environment conducive to new cultural initiatives. Urban life appears in stunning new film excerpts.

Welcome to the vibrant city!

ATOMIUM

L'Afrique ~~prend~~ la parole, l'Afrique ~~reprend~~ la parole, on lui ~~donne~~ la parole, l'Afrique ~~s'exprime~~...

Les Européens, les investisseurs occidentaux, les Américains, les Chinois, les ONG, les économistes, les agronomes, tous ont toujours parlé et parlent encore à leur place : comment se développer, comment s'éduquer, comment se soigner, comment se comporter, comment se décoloniser, comment se diriger, comment se compromettre, comment penser et se penser, comment.

De Johannesburg à Dakar, d'Addis-Abeba à Kinshasa, de Douala à Ouagadougou, de Conakry à Nairobi, d'Ndjamena à Kigali, ... des femmes et des hommes racontent et écrivent comment ils se projettent et construisent l'Afrique au quotidien.

Ils sont les acteurs d'une Afrique contemporaine, des individualités engagées, fortes et originales, inscrites pleinement dans le 21ème siècle.

AFRICAINES, AFRICAINS

ELLES, ils sont médecin, chercheur, ingénieur, artiste, haut-fonctionnaire, intellectuel, journaliste. Ces femmes et ces hommes ont fait le choix de rester et de vivre dans leur continent, dans leur pays pour conduire leur projet professionnel. De fortes personnalités, des parcours emblématiques à l'image de centaines d'autres, dans des contextes souvent difficiles.

- MASSAMBA DIOP, médecin-urgentiste, président SOS médecin Dakar.
- SOULEYMANE MBOUP, microbiologiste, codécouvreur du VIH-2.
- AWA N'DIAYE, présidente-fondatrice d'« Espace Afrique International ».
- DIDIER ACOUETEY, président d'« Africsearch » chasseur de têtes.
- JERRY RAWLINGS, ancien Président du Ghana.
- FREDDY TSIMBA, artiste plasticien.

Afrika ~~neemt~~ het woord, Afrika ~~herneemt~~ het woord, we ~~geven~~ het woord, Afrika ~~drukt zich uit~~...

De Europeanen, de westerse investeerders, de Amerikanen, de Chinezen, de NGO's, de economisten, de landbouwkundigen, ze hebben altijd al veel noten op hun zang gehad en nog steeds: hoe zich ontwikkelen, hoe zich onderwijzen, hoe zich verzorgen, hoe zich gedragen, hoe zich dekoloniseren, hoe zich besturen, hoe zich verbinden, hoe denken en overdenken, hoe.

Van Johannesburg tot Dakar, van Addis-Abeba tot Kinshasa, van Douala tot Ouagadougou, van Conakry tot Nairobi, van Ndjamena tot Kigali, vertellen mannen en vrouwen hoe ze het Afrika van vandaag zien en willen opbouwen.

Zij zijn betrokken bij het moderne Afrika, sterke, geëngageerde en originele personen die temidden van de 21ste eeuw staan.

AFRIKAANSE MANNEN, AFRIKAANSE VROUWEN

ZE [illegible] journalist, deze mannen en vrouwen hebben ervoor gekozen om op hun continent te blijven en te leven, om in hun eigen land hun professionele carrière te ontplooien. Sterke persoonlijkheden, voorbeeldige loopbanen als voorbeeld voor honderden anderen, in een vaak moeilijke context.

- MASSAMBA DIOP, geneesheer-noodarts, president SOS Médecin Dakar.
- SOULEYMANE MBOUP, microbioloog, mede-ontdekker van VIH-2.
- AWA N'DIAYE, stichtend voorzitster van "Espace Afrique International".
- DIDIER ACOUETEY, voorzitter van "Africsearch", headhunter.
- JERRY RAWLINGS, voormalig president van Ghana.
- FREDDY TSIMBA, kunstenaar.

Africa ~~speaks up~~, Africa ~~speaks up again~~, Africa is ~~given the floor~~, Africa speaks...

The Europeans, Western investors, the Americans, the Chinese, the NGO's, the economists, agronomist, all these groups have always spoken and continue to speak on Africa's behalf: how they can develop, educate themselves, care for themselves, how they should behave, how to decolonise, how to manage themselves, how to compromise, how to think and what others should think of them, how.

Now. From Johannesburg to Dakar. From Addis-Ababa to Kinshasa. From Douala to Ouagadougou. From Conakry to Nairobi. From Ndjamena to Kigali the women and men have themselves been talking and writing about how they are launching themselves and building Africa on a daily basis.

These are the people of a modern Africa: involved, strong and original individuals, who have fully embraced the 21st century.

AFRICAN WOMEN, AFRICAN MEN

WHETHER doctors, researchers, engineers, artists, civil servants, intellectuals or journalists... these women and these men have chosen their native continent and their own country as the place they want to stay and live, as the place to build their career. Strong personalities, symbolic journeys that represent hundreds of others, in often difficult circumstances.

- MASSAMBA DIOP, Emergency Doctor, President of SOS Doctors Dakar.
- SOULEYMANE MBOUP, Microbiologist, Joint discoverer of HIV-2.
- AWA N'DIAYE, Founding Chairwoman of "Espace Afrique International".
- DIDIER ACOUETEY, Chairman of "Africsearch", Head-hunter.
- JERRY RAWLINGS, former President of Ghana.
- FREDDY TSIMBA, artist.

« On dit des Africains qu'ils ne sont pas prêts pour la démocratie. Ont-ils été prêts pour la dictature ? »

— WOLE SOYINKA, ÉCRIVAIN NIGÉRIAN

ATOMIUM · AFRICAMUSEUM

Speculoos, journal de l'exposition *Africa. Avance rapide* (page 3).

à plusieurs types d'images comme la photographie et le graphisme d'information. Il a donc l'apparence d'un médium auquel nous sommes habitués et dont nous tenons pour acquise une forme d'honnêteté. Un journal ne doute pas, il présente des faits, des analyses. Autrement dit, lorsqu'on lit une publication qui ressemble à un «journal», nous sommes conditionnés pour un type de lecture particulier, critique ou non, propre à un espace médiatique institué dans ses formes.

Ce n'est pourtant pas ce qui est donné à voir dans ce journal. Les textes et certains des grands titres hésitent entre les mots, et les choix de composition typographique en rendent compte, gênant la lecture comme la rédaction semble avoir été gênée. Reproduisant l'aspect du *track change* (suivi des modifications) des logiciels de traitement de texte, des passages sont barrés en rouge, des corrections et suggestions sont indiquées par d'autres mots, en rouge également. Le journal révèle ainsi au lecteur la fabrique de ses textes. Un lecteur attentif sait bien ce qu'un texte traverse avant sa publication, mais sans jamais le voir, sans rien discerner des discussions et des relectures qui ont précédé la découverte d'un état jugé prêt à l'impression. L'observation précise du journal de l'exposition montre bien – car «l'effet» n'est pas présent de manière homogène et qu'aucune correction orthographique ou grammaticale n'apparaît – que le procédé graphique en est bien un, c'est-à-dire qu'il appartient bien au graphisme.

Alors, que pointent les graphistes de Speculoos à l'aide de cet effet graphique? Il faut s'arrêter sur quelques mots pour le comprendre. En une, un premier titre échappe à une considération un brin hautaine en suggérant la suppression d'un mot: «L'Afrique: ~~enfin~~ sujet de sa propre histoire et non plus l'objet de celle des autres?» À la page 3, un autre titre hésite dans sa formulation, sans trouver de solution: «L'Afrique ~~prend~~ la parole, l'Afrique ~~reprend~~ la parole, on lui ~~donne~~ la parole, l'Afrique ~~s'exprime~~...» Sans s'imposer, le titre propose une lecture qui tourne autour de locutions qui, si l'on y prête attention, posent toutes une question distincte: que représente une prise de parole, une reprise suggérant une privation préalable? Qu'est-ce que «donner la parole» sinon une marque de pouvoir sur celui qui parle? Qu'est-ce que s'exprimer sinon la possibilité de ne pas être vraiment écouté? Ces interventions graphiques affirment bien un doute là où il ne devrait pas exister. Parce qu'ils revêtent les habits du journalisme, nous pourrions attendre de ces grands titres qu'ils soient sûrs d'eux et de leurs propos, que le langage ne fasse pas défaut sur un sujet si délicat. Si le projet d'exposition *Africa. Avance rapide*, une réflexion sur l'Afrique contemporaine, a une dimension politique évidente, on pourrait attendre du graphisme de l'exposition, comme du journal, clarté et précision, tant le sujet ne souffre pas les ambiguïtés, dans un pays où l'histoire coloniale récente marque toujours les esprits et les espaces. Dans un pays où, en 2002, la RTBF a produit une émission intitulée *Tout ça (ne nous rendra pas le Congo)*, les mots restent inscrits dans une histoire coloniale qui est loin d'être réglée. Cette expression encore vivante en Belgique peut ici, à elle seule, nous montrer comment les mots, au-delà des faits, sont au cœur de la transformation des esprits. Et le graphisme du journal nous aide à évaluer leur portée, montre les enjeux d'une remise en cause de ce que l'histoire, la culture et les médias nous ont transmis comme vocabulaire.

On comprend rapidement, en parcourant les différentes contributions au journal, que seuls les textes rédigés par les organisateurs de l'exposition bégaient ainsi – les auteurs invités, Africains pour la plupart, ne sont pas concernés par cet effet graphique. Car il s'agit bien ici d'affirmer la position singulière des «organisateurs» de l'exposition, autrement dit, des Européens. L'édito qu'ils cosignent en page 2 est d'ailleurs le texte le plus démonstratif. La fonction de suivi des modifications dans les logiciels de traitement de texte est une fonction particulièrement utile lorsque plusieurs auteurs travaillent sur un même document: sans imposer les choix du dernier contributeur, elle permet de mettre en débat la forme du langage. Empruntée au monde de la bureautique, cette image du texte, qui n'a pas habituellement vocation à être rendue publique, constitue une somme de brouillons qui ne semble pas aboutir à un texte définitif, une écriture saisie dans un mouvement qui devient sa fin essentielle. La colonne, couverte d'additions et de variantes, est ainsi le *display*, la mise en scène d'une mésentente, qui peut se définir avec Rancière de cette façon:

> [...] il faut que la rencontre trouve son point de mésentente. Par mésentente on entendra un type déterminé de situation de parole: celle où l'un des interlocuteurs à la fois entend et n'entend pas ce que dit l'autre. La mésentente n'est pas le conflit entre celui qui dit

> blanc et celui qui dit noir. Elle est le conflit entre celui qui dit blanc et celui qui dit blanc mais n'entend point que l'autre dit la même chose sous le nom de blancheur. La mésentente n'est point la méconnaissance. Elle n'est pas non plus le malentendu reposant sur l'imprécision des mots[8].

Mais qui sont les interlocuteurs de cette mésentente? En l'occurrence, cette dernière ne concerne pas le directeur de l'Atomium Henri Simons, qui a passé commande de cette exposition, mais bien les muséographes de Place Publique, les scénographes Monsieur & Madame et les graphistes du studio Speculoos, qui forment pour l'occasion une équipe *ad hoc* chargée du développement sur le plan scientifique et graphique. On peut s'en douter à la lecture de l'édito qu'ils cosignent, et l'énonciation même des intentions au sein du journal de l'exposition montre une situation conflictuelle ou, du moins, un dissensus entre l'équipe de muséographes et de graphistes[9]: se mettre d'accord sur les mots et leur sens est loin d'être une évidence. Ce processus de rédaction a semblé si révélateur de l'un des enjeux de l'exposition, parfaitement résumé dans le grand titre de la troisième page du journal cité plus haut, que les graphistes ont décidé de donner aux textes la forme de ce débat par fichiers partagés.

La décision graphique de Speculoos nous montre deux choses. Premièrement, elle met à mal la supposée assurance des textes de ce journal en publiant

8. Jacques Rancière, *La Mésentente*, *op. cit.*, p. 33.
9. Entretien avec Pierre Huyghebaert, printemps 2023.

autre chose que leur version expurgée et consensuelle. Le journal devient ainsi la scène d'un débat qui inclut autant les rédacteurs de celui-ci que ses lecteurs. Puisque le dernier mot n'est pas, puisque les phrases sont imprimées dans cet état inachevé, il reste aux lecteurs de l'espace pour «participer» ou, du moins, être témoins du débat. Deuxièmement, la composition typographique malmenée nous permet de prendre conscience que le graphiste, dans son travail de commande, est confronté à des textes sur lesquels il peut agir, quitte à aller jusqu'au conflit. Cette question spécifique du langage n'était pas le «sujet» de la commande passée aux graphistes, mais elle était l'une des composantes avec lesquelles ils ont dû concevoir leur travail, une forme d'interférence conflictuelle qu'ils ont mise en page de manière à déséquilibrer l'assurance de la scène médiatique qu'ils ont façonnée. De façon bienheureuse ici, le conflit a su trouver une forme pour s'exprimer, les graphistes de Speculoos ayant pour cela conservé au sein de la composition typographique ce qui aurait dû en être écarté et qui, dans le schéma de Shannon et Weaver, aurait été qualifié de source de bruit, interrompant la bonne conduite du message.

Départir le bruit du signal

> Le bruit est inévitable lors d'un enregistrement en *live*, car les micros sont comme nos oreilles, ils entendent tout. Le signal qu'ils captent est toujours entouré de bruit. Ou, autrement dit, tout ce qu'ils captent est du bruit, les producteurs et les ingénieurs du son dirigent simplement notre attention vers ce qu'ils veulent souligner comme signal[10].

En 1968, Brian Jones, le guitariste des Rolling Stones, se rend dans le village marocain de Jajouka avec Brion Gysin et l'ingénieur du son George Chkiantz pour enregistrer la musique rituelle qui s'y joue. Publié en 1971, l'album intitulé *Brian Jones Presents the Pipes of Pan at Joujouka* n'est pas tout à fait un document ethnographique. En effet, suite à ce séjour, Brian Jones travaille à partir des bandes originales pour produire le disque en procédant à un montage conséquent, en utilisant des effets de saturation et de *phasing*. Le résultat n'est pas une version «nettoyée», épurée, de l'enregistrement. Au contraire, toutes sortes de bruits captés lors des enregistrements – comme le crépitement d'un feu, des cris d'enfants ou les aboiements d'un chien –, ou encore inventés par les manipulations en studio, sont autant d'éléments sonores qui nous font entendre que le disque n'est pas «la» musique du groupe de Jajouka mais son enregistrement déplacé dans le temps et l'espace. À l'écoute, ces manipulations sonores sont manifestes

10. Damon Krukowski, *Ways of Hearing*, Cambridge, MIT Press, 2019, p. 127 [traduction de l'auteur].

et, comme les ratures rouges dessinées par Speculoos pour la mise en page du journal d'exposition, la production de Brian Jones propose une expérience contrariée à l'auditeur. Ce n'est donc pas seulement la musique de Jajouka qu'il nous propose d'écouter, mais également notre relation à ces espaces sonores «exotiques», vécus depuis chez nous.

Comme s'il était équipé d'un micro, le graphiste entend tout. Ou, autrement dit, dans la confidence des conditions de la commande et la connaissance du milieu où son graphisme va se déployer, il est à même de percevoir les forces antagonistes ou conflictuelles qui composent et entourent son travail. Aussi il s'agirait, suite à l'observation du projet mené par Speculoos à Bruxelles, de considérer comment, dans cette densité bruyante de la mission qui lui est confiée, le designer graphique peut effectuer ce travail qui consiste à souligner ce qui fera la consistance du «message» dans toute sa complexité, voire à ajouter, par les formes, ce qui lui semble manquer. Quant à ce qui nous intéresse dans cet essai, reste à préciser dans quelle position particulière le graphiste exerce ces choix. En tant que producteur de formes au service de son commanditaire, le graphiste hollandais Jan van Toorn l'exprime ainsi:

> En tant que spécialistes, nous nous trouvons de plus en plus confrontés à un malaise fondamental sur la relation entre l'action professionnelle [individuelle] et l'intérêt collectif. Il est donc de plus en plus urgent de rouvrir le débat sur le rôle sociocommunautaire de nos disciplines; la forme et la fonction ne sont plus définies comme des espaces commerciaux, esthétiques,

linguistiques ou utilitaires séparés, mais sont à nouveau liées à leur importance sociale. C'est dans ce contexte que les éléments individuels, subversifs et poétiques du niveau esthétique formel [syntaxe] doivent être étendus au niveau du contenu, celui du sens [sémantique], car c'est dans cette dimension que le spectacle falsifie la réalité de la vie.

Un deuxième point important est que la manipulation du producteur et du concepteur du message devrait être visible dans le message, en se référant aux valeurs acceptées et aux codes visuels. Cette stratégie vise à révéler les conditions des relations de production dans l'affichage médiatisé, et permet au message d'être vécu comme un argument – comme un produit artificiel avec un fond idéologique dans le débat permanent sur les conditions de la réalité sociale [pragmatique][11].

11. Jan van Toorn, *Design's Delight*, Rotterdam, 010 Publishers, 2006, p.32-33 [traduction de l'auteur].

Sans contredire, contrarier

En 1971, l'artiste Marinus Boezem est invité par le Van Abbemuseum à Eindhoven, aux Pays-Bas, à assurer le commissariat d'une exposition. Sobrement intitulée *Une sélection de la collection du Van Abbemuseum* dans le texte du communiqué de presse, celle-ci est par ailleurs nommée *Choix dans la collection du Van Abbemuseum*[12] en introduction d'un entretien avec Boezem, également diffusé par le musée à la presse. Constatons que le ton descriptif de ces titres ne renseigne en rien sur les intentions curatoriales de Boezem, ou les œuvres sélectionnées : seraient-elles d'une période donnée, partageraient-elles un médium commun ou auraient-elles été acquises dernièrement par le musée ? Rien n'est indiqué aux journalistes invités à venir les voir. Pour ce qui est du « grand public », mis au courant de cette nouvelle exposition par une affiche diffusée dans les rues d'Eindhoven, la situation est plus compliquée.

Conçue par le graphiste néerlandais Jan van Toorn (1932-2020), déjà cité plus haut, l'affiche ne mentionne tout simplement aucun titre. Faisant le pari de l'évidence, le designer réduit les informations que l'affiche doit communiquer à l'essentiel, c'est-à-dire au nom du musée, simplement disposé tout en haut et composé en lettres capitales centrées, et aux dates et horaires d'ouverture de l'exposition, alignés en bas à droite. En lieu et place de ce qui devrait être le titre de cette exposition ou une quelconque image d'œuvre se trouve la liste des

12. En néerlandais : *Een keuze uit de eigen collectie van het Van Abbemuseum* et *Keuze uit de verzameling van het Van Abbemuseum*. L'exposition s'est tenue du 12 février au 28 mars 1971.

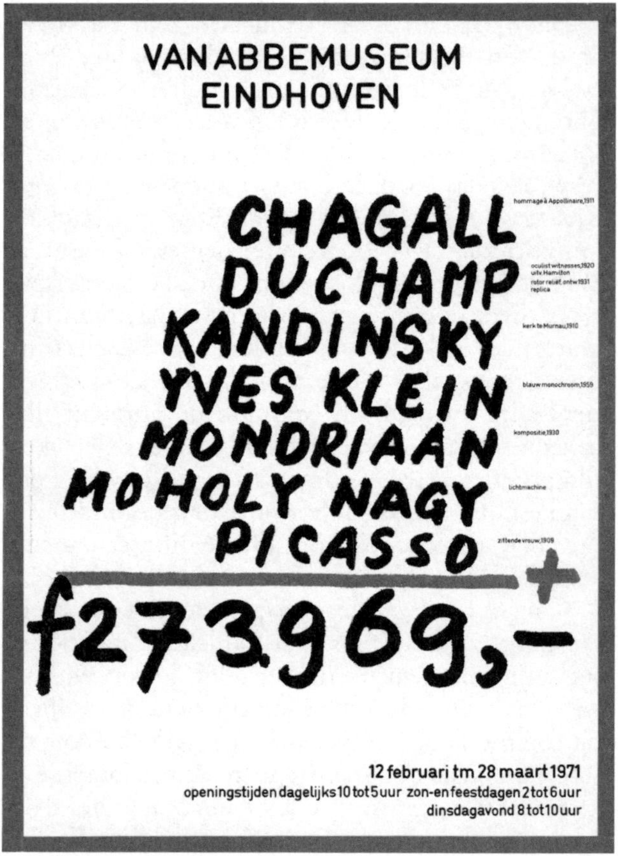

Jan van Toorn, affiche de l'exposition de la collection du Van Abbemuseum, Eindhoven, 1971, 61 × 88 cm.

artistes exposés, détaillée en grands caractères manuscrits et ponctuée par un grand trait rouge sous lequel on peut lire ce qui semble être la somme déboursée par le musée pour faire l'acquisition des œuvres, dont les titres sont indiqués eux en petits caractères: 273 969 florins. Si la présence d'un annonceur (le musée), de dates, et d'une liste d'artistes signifie qu'*a priori* il s'agit bien d'une exposition, le «message», ou plutôt une partie de ce message, est pour le moins inhabituel.

Une affiche est une image qui appartient au «régime publicitaire» car elle fait la promotion de quelque chose. Elle informe et invite le «public» à découvrir une exposition de la même façon qu'une publicité promeut un produit. Ce qui paraît ici être un ticket de caisse, tel qu'un épicier pouvait en rédiger à cette époque où les caisses enregistreuses n'étaient encore pas toutes électroniques, convoque ce régime publicitaire. Car l'image décalée use de provocation ou d'humour comme savent le faire les publicitaires d'une part et, d'autre part, car ce qui est donné à voir est précisément la forme graphique d'un acte marchand – cette affiche figure ce qui semble être considéré comme la part vulgaire de l'art, à savoir sa valeur d'échange. Lorsqu'il est question d'art (et plus encore lorsqu'il est «contemporain»), la valeur culturelle et sociale de celui-ci, légitimée ici par le musée, se heurte dans les débats publics à son pendant, sa valeur économique: les discussions politiques à propos de l'art tournent plus souvent autour d'argent que d'esthétique. L'affiche de Jan van Toorn donne forme à ce débat et pourrait se lire comme cela: «Nous avons dépensé 273 969 florins de vos impôts pour ces œuvres. Venez voir si nous avons bien fait.»

Mais cette traduction possible n'est pas figée. En soi, la forme graphique comptable ne dit pas si la somme affichée est juste, justifiée, trop importante ou insignifiante pour ces œuvres achetées par le musée, elle ne dit rien du prix d'autres œuvres en comparaison, des cours du marché ou de la valeur historique des artistes mis en avant. Et puisque ce sont les artistes qui sont donnés à voir plutôt que les œuvres, est-ce la valeur des artistes ou des œuvres qu'il faut y lire ? Ces questions légitimes que se posent naturellement les membres de tout comité d'achat dans un musée sont généralement disqualifiées dès lors que les œuvres entrent dans les collections. Poser à nouveau la question, c'est mettre en doute l'assurance (l'expertise, dirait-on aujourd'hui) des choix opérés, et cette affiche pourrait être l'image qui ouvre la possibilité de les questionner à nouveau. Elle offre au spectateur à venir l'opportunité de s'interroger à son tour sur le sujet. Dans l'entretien diffusé à la presse par le Van Abbemuseum, Boezem évoque précisément cette possibilité :

> Ben Sies : Et ça ne vous choquerait pas personnellement si les réactions des visiteurs étaient plutôt négatives ?
> Marinus Boezem : En tant qu'artiste, je ne serais pas choqué. [...] Ce musée est un dispositif social, une institution qui a été créée dans une démocratie avec de l'argent public, et ce que je pense alors en tant qu'artiste n'est pas le plus pertinent. Sur la base d'une certaine opinion du peuple, il pourrait alors y avoir un ajustement de la politique de la direction ou du personnel actuels. Je ne sais pas[13].

13. Entretien entre Ben Sies et Marinus Boezem, Van Abbemuseum, 10 février 1971, disponible sur : mediabank.vanabbemuseum.nl/vam/files/alexandria/publiciteit/toespraken/1971/InterviewBoezem1971.pdf, consulté le 27/06/2023.

Boezem et van Toorn nous disent ainsi la même chose. Le geste graphique de van Toorn est la mise en scène de l'expression de cette controverse potentielle, anticipée dans l'entretien par Boezem, et il augmente l'objet premier de cette affiche (annoncer l'ouverture d'une exposition) d'un deuxième objet qui, sans contredire le premier, le contrarie. Mais ici, à la différence de ce qui se passe dans le journal de l'exposition *Africa. Avance rapide*, le conflit n'est pas à trouver à l'endroit de l'énonciation du message mais plutôt dans sa réception supposée. En cela, l'affiche fait ce que l'on attend en général d'une affiche : elle annonce une chose à venir.

À l'occasion d'une autre exposition de ses collections en 2013, *Once Upon a Time... The Collection Now*, le Van Abbemuseum invitera de nouveau Jan van Toorn à réaliser une affiche. Construite comme une reprise de la première, les noms des artistes sont, dans cette nouvelle version, typographiés à côté du titre des œuvres, et des images ont remplacé le texte. Maltraitées, les reproductions apparaissent dans une perspective toute numérique et semblent reproduire une sorte de flux typique des réseaux sociaux comme Instagram où les œuvres, produit d'appel de l'industrie culturelle, ne sont jamais vraiment vues. La somme évoquée en 2013 est bien plus importante qu'en 1971, et la présence du titre, *Il était une fois... La collection aujourd'hui* pourrait s'entendre comme un commentaire désenchanté de la situation à l'heure des contraintes budgétaires imposées aux institutions culturelles.

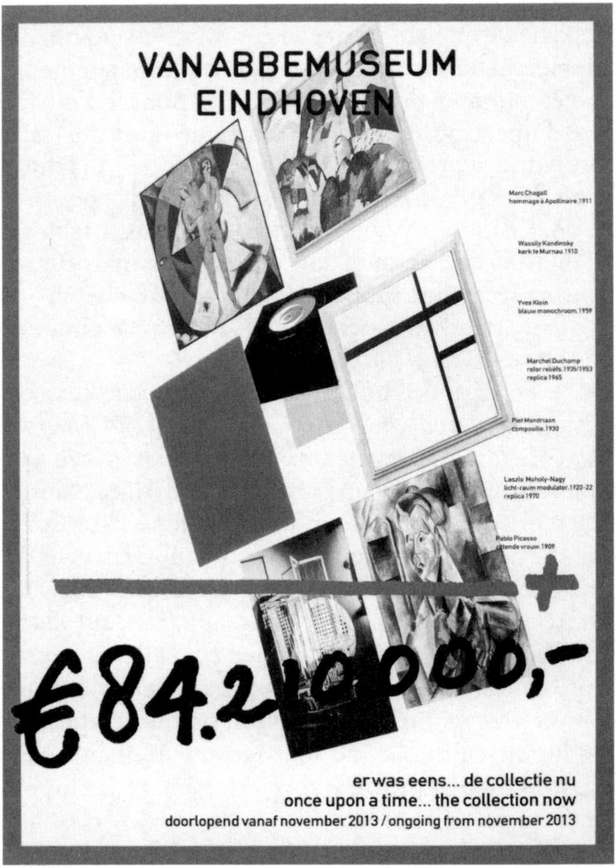

Jan van Toorn, affiche de l'exposition *Once Upon a Time... The Collection Now*, Van Abbemuseum, Eindhoven, 2013, 61 × 88 cm.

Depuis sa position

Inscrites majoritairement dans le champ de l'art contemporain, les productions de Jan van Toorn semblent emprunter une partie de leur socle théorique à la critique institutionnelle. En tout cas, l'affiche de 1971 partage avec le journal de l'exposition *Africa. Avance rapide* une inquiétude pour l'espace muséal comme lieu physique de consommation culturelle, comme un espace social qui structure les rapports sociaux. Les lieux dans lesquels l'art est exposé sont ceux sur lesquels s'exerce la «critique institutionnelle», ce sont des modèles conceptuels et perceptuels incorporés par les individus. Les artistes qui ont formé ce courant informel de la critique institutionnelle parviennent par leurs interventions à rendre visible et dicible l'invisible et l'indicible pour provoquer une «révolution par la révélation», comme l'écrit Pierre Bourdieu dans un texte sur l'artiste Andrea Fraser:

> Comme [Andrea Fraser] le dit elle-même, elle rend «réel et manifeste» ce qui ne peut être socialement dit, [...] elle est capable, comme un apprenti sorcier, de déclencher un mécanisme social, une sorte de machine infernale dont l'opération conduit la vérité cachée de la réalité sociale à se révéler, exposant ou évoquant les relations de pouvoir sous-jacentes et confrontant les agents humains à une vue imprenable sur ce qu'ils font. Cette révolution par la révélation confronte la production culturelle [...]; et puisqu'elle déploie les moyens propres à l'art, cela

fonctionne et convainc beaucoup plus efficacement que toute analyse abstraite car elle expose l'invisible et l'indicible dans cet univers social[14].

De telles œuvres, continue Pierre Bourdieu, sont génératrices d'hospitalité sociologique car elles convient le public à agir avec elles. En se mettant socialement en jeu dans sa prise de risque contre l'institution muséale, l'artiste se rend vulnérable et donc plus proche, d'une certaine manière, du public. Malgré tout, au-delà de l'évidence qu'il existe à rapprocher cette affiche de Jan van Toorn de certains travaux relevant de la critique institutionnelle, il en va un peu différemment des œuvres et du graphisme. Une affiche, aussi inventive qu'elle puisse être, n'est pas une œuvre d'art, elle n'en a pas l'autonomie de discours ni de sujet. Ce qu'elle «dit» en premier lieu n'est pas du fait de son auteur, à qui a été confiée une mission: il doit faire la meilleure promotion de l'objet de sa commande. Même si van Toorn, comme les artistes de la critique institutionnelle, produit une forme de critique sur le musée depuis le lieu même de sa promotion, la situation particulière dans laquelle il se trouve est plus ambivalente, le graphiste étant pris entre les intérêts de l'institution dont il fait la publicité et ses positions personnelles. À la différence des œuvres qui dénoncent une situation de l'art en général et des institutions qui les accueillent, capables d'intégrer une part de cette critique, il paraît plus difficile d'adopter cette forme discursive dans le

14. Pierre Bourdieu, «Foreword: Revolution and Revelation», dans Andrea Fraser, *Museum Highlights. The Writings of Andrea Fraser*, Cambridge, MIT Press, 2005 [traduction de l'auteur].

graphisme. Dans le livre *Design's Delight* qu'il publie en 2006, Jan van Toorn décrit d'ailleurs très bien ce possible *statu quo* et son éventuel dénouement:

> Le design graphique fonctionne dans un espace proportionnellement plus petit que l'art ou la théorie. Comme l'architecture ou le journalisme, il fonctionne comme un intermédiaire dans une situation plus compliquée. C'est pourquoi le design avec une orientation émancipatrice – qui réfléchit sur la relation avec les spectateurs – négocie avec le commanditaire et les conditions environnantes de l'espace pour sa stratégie de communication et sa vision de l'objet et du programme de la commission. La question n'est alors pas tant de savoir s'il y a un espace pour une action autonome, mais dans quelle mesure l'espace disponible peut être étiré pour faire place à un programme dialogique. En d'autres termes, l'aspect politique du *design de communication* réside dans la façon dont la commission est étoffée par le contenu – dans la diffusion hétérogène du message au-delà du niveau formel des composantes et fondée sur les arguments d'un concept social et d'une stratégie. Ce n'est qu'alors que l'espace événementiel du pragmatisme restreint dans les médias peut être perturbé par une utilisation substantielle et polémique des images, et non par l'impuissance face à la nature intrinsèquement limitée des circonstances, dans l'espoir de contribuer à la victoire sur la pauvreté symbolique dans le monde. L'acte politique est de sauver le sensible hétérogène qui est au cœur de l'autonomie de l'art et systématiquement de son pouvoir d'émancipation[15].

15. Jan van Toorn, *Design's Delight*, *op. cit.*, p. 208 [traduction de l'auteur].

Si les contributions à l'apparition d'un «graphisme d'auteur» dans les années 1990 ont permis au designer graphique d'agir seul et d'amener ainsi sa contribution au champ visuel depuis le design graphique, pris comme un ensemble de pratiques qui déterminent une manière de constituer des savoirs, il est nécessaire de distinguer une pratique «libérée» de tout commanditaire des contraintes implicites du cadre de la commande dont il est difficile de se départir, pris tout entier dans ce que Jacques Rancière appelle un ordre policier:

> La distribution des places et des fonctions qui définit un ordre policier relève autant de la spontanéité supposée des relations sociales que de la rigidité des fonctions étatiques. La police est, en son essence, la loi, généralement implicite, qui définit la part ou l'absence de part des parties. Mais pour définir cela, il faut d'abord définir la configuration du sensible dans lequel les unes et les autres s'inscrivent. La police est ainsi d'abord un ordre des corps qui définit les partages entre les modes du faire, les modes d'être et les modes du dire, qui fait que tels corps sont assignés par leur nom à telle place et à telle tâche; c'est un ordre du visible et du dicible qui fait que telle activité est visible et que telle autre ne l'est pas, que telle parole est entendue comme du discours et telle autre comme du bruit. C'est par exemple une loi de police qui fait traditionnellement du lieu de travail un espace privé non régi par les modes du voir et du dire propres à ce qu'on appelle l'espace public, où l'avoir part du travailleur est strictement défini par la rémunération de son travail. La police n'est pas tant une «disciplinarisation» des corps qu'une règle de leur apparaître,

une configuration des occupations et des propriétés des espaces où ces occupations sont distribuées[16].

Il faut bien sûr reconsidérer cette définition de l'ordre policier à la mesure du graphisme. Le dialogisme évoqué par Jan van Toorn plus haut est à cet endroit éclairant. Le dialogisme n'est pas le dialogue. Ce concept permet de concevoir un énoncé comme imprégné des différentes voix qui le traversent et invite à concevoir les ambiguïtés du discours comme des espaces au sein desquels peut s'exercer le jeu des significations. Au-delà des phénomènes d'inscription de l'altérité dans le discours, le dialogisme concerne aussi le dialogue entre celui qui parle et sa propre parole. Alors, l'événement d'énonciation, soit l'irruption dans le discours de ce refoulé, permet de faire apparaître l'opposition entre deux instances de discours, la parole singulière entrant parfois en conflit avec ce qui est en train d'être dit. L'activité dialogique n'est pas la tenue d'un propos hors de propos, mais la manifestation d'une production de signification parallèle. Au sein de cet espace dialogique peuvent ainsi s'exprimer des positions, des discours antagonistes, qui seraient dans notre cas le reflet d'une tentative politique par le designer, dans le sens où:

> [Jacques Rancière] propose maintenant de réserver le nom de politique à une activité bien déterminée et antagonique à la première; celle qui rompt la configuration sensible où se définissent les parties et les parts ou leur absence par une présupposition qui n'y a par définition

16. Jacques Rancière, *La Mésentente*, *op. cit.*, p. 52.

pas de place : celle d'une part des sans-part. Cette rupture se manifeste par une série d'actes qui reconfigurent l'espace où les parties, les parts et les absences de parts se définissaient[17].

17. *Ibid.*

Une scène où s'accorder

En 2017 était inaugurée la quatorzième édition de la documenta. L'exposition, qui se tient tous les cinq ans à Kassel en Allemagne depuis 1955, s'est également tenue en 2017 à Athènes. Le directeur artistique en charge de l'édition, Adam Szymczyk, avait proposé cette double localité à l'institution alors que la Grèce était encore marquée par une crise économique et politique majeure, la «crise de la dette publique grecque», qui s'est étendue de 2010, année du premier plan de sauvetage, jusqu'en 2015, avec les derniers accords ayant entériné nombre des mesures d'austérité qui auront durablement marqué le pays. Intitulée *Learning from Athens*[18], la documenta 14 s'installait ainsi à Athènes alors que l'Allemagne et la BCE persévéraient encore à donner des leçons d'orthodoxie financière au gouvernement grec.

Depuis, une importante littérature critique, favorable ou défavorable à la documenta 14, s'est constituée. Les polémiques autour du projet, tant sur le plan artistique que politique ou économique, ont nourri les journaux et magazines, spécialisés ou non. La réception de ce type d'événement artistique international, comme les biennales et les foires d'art contemporain, se fait à travers de nombreuses publications et la quatorzième documenta, dans sa

18. Formule maintes fois reprise et détournée, *Learning from Athens* peut se comprendre, si on s'en réfère à la traduction française originale, par «L'enseignement d'Athènes». C'est au livre de Robert Venturi, Denise Scott Brown et Steven Izenour, *Learning from Las Vegas*, publié en 1972 par MIT Press à Cambridge, que l'on doit cet adage qui aura fait son chemin depuis l'architecture vers tous les autres champs de la culture visuelle et artistique.

complexité, n'a pas manqué de produire beaucoup de débat et de pensée. Sans ignorer les réflexions passionnantes qu'une telle exposition a soulevées[19], c'est son identité visuelle que nous regarderons ici et non pas le projet d'exposition en tant que tel, ou plutôt comment cette image particulière, déployée dans la ville, a participé à une partie des débats au-delà de la pertinence des choix opérés dans la sélection des artistes et des œuvres.

C'est au studio Vier5[20] que Szymczyk confie le graphisme de la documenta 14 et plus particulièrement la part la plus «grand public[21]» (affiches, dépliants, plans, programmes...) et la signalétique au sein des expositions (les cartels et textes de salle) et dans les rues de la ville (la documenta avait investi de nombreux lieux dans Athènes, ce qui a nécessité un système de guidage à destination du visiteur). Ces différents objets conçus par Vier5 symbolisent la documenta à différentes échelles – depuis celle de la main jusqu'à celle de l'architecture – et à différents moments – avant la visite, pendant et après.

19. À ce sujet, voir le travail du groupe Learning from documenta, dont une partie des recherches est disponible sur: field-journal.com/category/issue-18-19, consulté le 28/03/2023.

20. Vier5 est un studio de design graphique fondé en 2002 à Paris par Marco Fiedler et Achim Reichert. Leur collaboration a pris fin en 2020.

21. Au départ, Adam Szymczyk a confié à quatre studios de graphisme différents la somme de travail conséquente que représente une telle manifestation, soit Ludovic Balland, Mevis & van Deursen, Julia Born avec Laurenz Brunner et Vier5. L'idée originale reposait sur une tentative de dépasser le destin «*corporate*» d'une identité univoque, mais Vier5 s'est chargé de la part la plus largement publique là où les autres ateliers ont été responsables des publications scientifiques, plus confidentielles.

Ils forment ensemble une image de la documenta 14 en tant qu'institution et non en tant qu'exposition (par exemple, aucune image d'œuvre n'apparaît dans les propositions de Vier5), et il me semble nécessaire de rappeler ici que l'appréhension de la documenta ne repose pas exclusivement sur le commissariat et les œuvres exposées. On ne visite pas nécessairement la documenta comme une exposition, qui n'est de toute manière pas «visible» comme *une* chose, de nombreux lieux proposant un programme de conférences, de performances et de spectacles très fourni. Elle ne peut pas être appréhendée dans son entièreté. Si la presse et la télévision participent à porter l'événement à la connaissance du plus grand nombre et à en former une des images à partir de quelques photographies, le graphisme contribue à cette réception partielle en donnant plus corps, donc, à l'institution qu'à l'événement même.

Exclusivement typographique, comme l'est souvent le travail de Vier5, l'identité visuelle de la documenta 14 repose sur l'utilisation de plusieurs dessins de caractères créés par le studio. Des caractères bruts, éloignés de ce qui paraît un exercice savant de la typographie, sont utilisés de manière versatile, envahissant l'espace de la page et ne répondant pas, *a priori*, à des fonctions précises. Les trois principaux caractères sont le Phonecard, des capitales grasses pixélisées qui trouvent leur origine sur une carte téléphonique américaine, le Texte, un caractère angulaire utilisé principalement pour les textes longs, et enfin le Pueblo. Ce dernier caractère au dessin assez libre était, comme les deux autres, déjà existant. Issu d'une recherche destinée à l'artiste Tania Bruguera en vue de dessiner

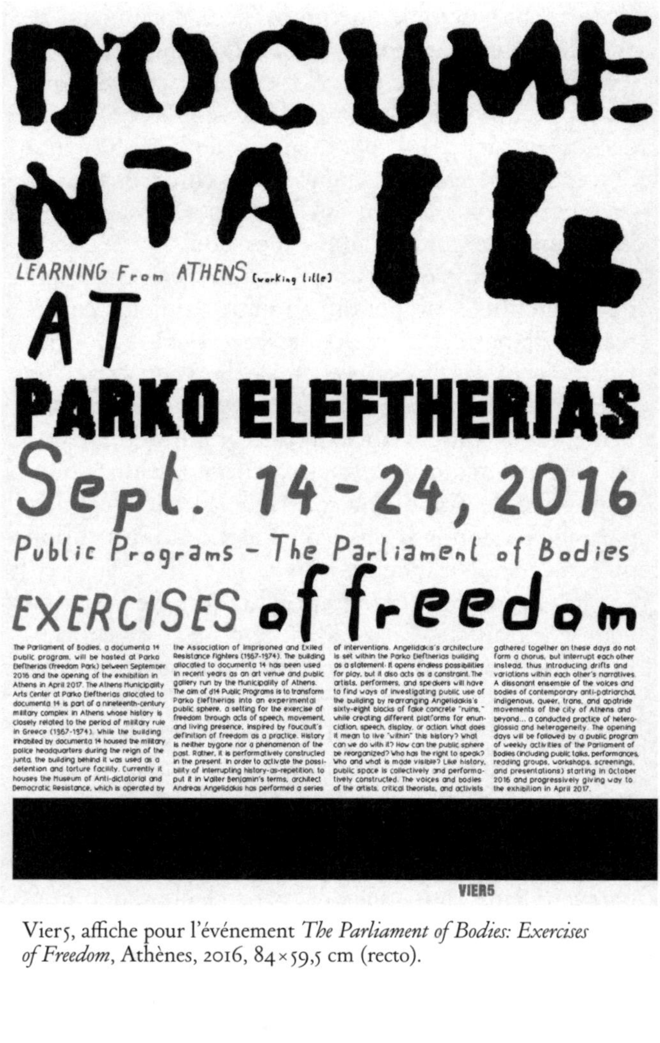

Vier5, affiche pour l'événement *The Parliament of Bodies: Exercises of Freedom*, Athènes, 2016, 84 × 59,5 cm (recto).

un alphabet pour toutes les langues du monde, Vier5 avait plutôt proposé avec le Pueblo des formes sans particularité historique, sans référence à un outil défini : un caractère de nulle part plutôt qu'universel.

Une quatrième forme de lettres signe certains documents d'une sorte de logotype qui tente de ne pas s'imposer de manière systématique. L'appellation « DOCUMENTA 14 », raccourcie souvent à un unique « 14 », revêt une apparence exogène, plus un lettrage qu'une typographie. De type stencil, l'origine de ce lettrage est à trouver dans un graffiti réalisé au pochoir, prenant position contre la documenta et qui est apparu dans les rues d'Athènes dès 2016, alors que l'installation de la manifestation en Grèce n'était encore qu'un projet confidentiel. Un an avant son ouverture, seuls un public initié et les acteurs du monde de l'art contemporain possédaient les informations requises pour être au courant de l'arrivée de la documenta 14 ou avaient été approchés dans les préparatifs qui précèdent ce type d'exposition. Quelques événements ont bien eu lieu en amont du mois d'avril 2017, mais n'avaient pas encore la portée de l'exposition complète. Reichert et Fiedler ont découvert ce graffiti grâce à une photographie envoyée par Pierre Bal-Blanc, un des commissaires invités de la documenta[22]. Cette origine photographique, de basse définition, donne l'aspect du lettrage : traité en seuil (sans niveaux de gris), conservant une certaine perspective et pixelisé plutôt que lissé par les logiciels de dessin numérique. Réagissant à l'urgence coutumière

22. Selon les entretiens tenus entre l'auteur, Achim Reichert et Marco Fiedler, au printemps 2023.

de ce type de commande, Vier5 a saisi cette image pour en faire une nouvelle, construisant le «14» à partir de quelques éléments tirés du pochoir.

Mais au-delà des formes typographiques inventées ou détournées, les graphistes de Vier5 ne disent rien d'autre, par les mots, que ce qu'ils ont à dire, c'est-à-dire nommer les expositions et les événements, indiquer les noms des artistes, les lieux et les dates. Le pochoir original[23], lui, portait pourtant bien des mots qu'il faut préciser:

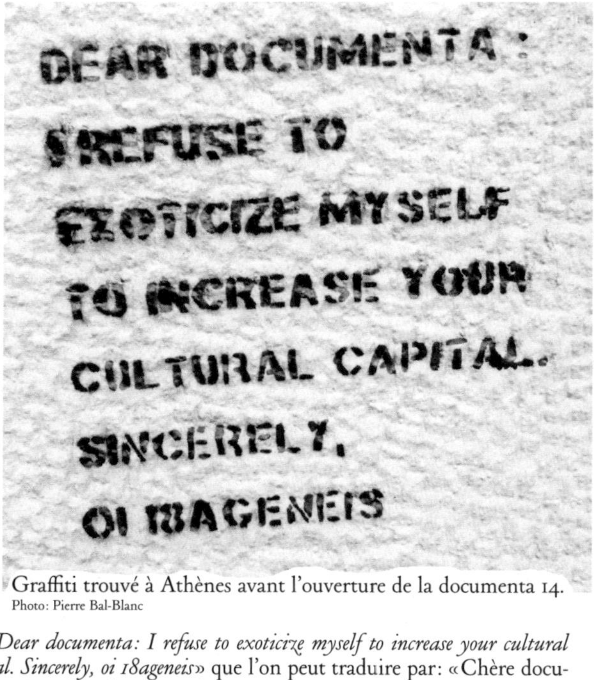

Graffiti trouvé à Athènes avant l'ouverture de la documenta 14.
Photo: Pierre Bal-Blanc

23. «*Dear documenta: I refuse to exoticize myself to increase your cultural capital. Sincerely, oi 18ageneis*» que l'on peut traduire par: «Chère documenta: je refuse de me rendre exotique pour augmenter votre capital culturel. Sincèrement, les Indigènes.»

Premier d'une série, ce graffiti a depuis été revendiqué par l'artiste Eirene Efstathiou en collaboration avec quelques-uns de ses amis artistes ou acteurs du monde culturel athénien. Rédigée de manière collective, cette prise de parole publique était une réaction à l'attitude de l'équipe de la documenta perçue comme inadéquate par la scène locale :

> [...] le groupe a particulièrement contesté l'impulsion extractiviste de la proposition thématique de l'exposition [*Learning from Athens*], qu'Efstathiou a comparée ailleurs à « être appris » [*being "learned at"*]. Au cours de notre conversation, elle raconte : « Nous répondions à ce *Learning from Athens*. Nous avons compris très tôt qu'il y avait quelque chose de problématique dans ce type d'apprentissage, apprendre de nous sans rien nous demander. Nous n'étions pas vraiment abordés en tant que scène locale ou producteurs locaux, et toute l'adresse était médiatisée par de grandes institutions, dont certaines avec lesquelles la documenta travaillait et d'autres non. Ils ont gaspillé beaucoup de bonne volonté de la scène en n'ayant pas cette conversation avec les gens. » C'est à partir de ce sentiment de disjonction que s'est articulé le refus de participer à l'abstraction d'Athènes en un objet symbolique de contemplation pour une foule internationale de l'art contemporain[24].

24. « Dear Documenta, 5 Years On : A Conversation with Eirene Efstathiou », entretien entre la chercheuse Julia Tulke et Eirene Efstathiou, 2022, disponible sur : gc.fairead.net/dear-documenta-5-years-on [traduction de l'auteur]. Je remercie Julia Tulke et me permets de renvoyer vers son précieux site, *Aesthetics of Crisis* : aestheticsofcrisis.org/2017/sincerely-the-indigenous, consulté le 28/03/2023.

Le pot aux roses dévoilé, qu'en penser? Une critique rapidement formulée s'inscrirait dans ce qui relève de l'appropriation culturelle. Puisque la documenta s'implanterait à Athènes pour des raisons fallacieuses, ou encore, d'une mauvaise manière, alors s'emparer des graffitis la dénonçant pour en faire la publicité relèverait d'une bien cynique disposition. Au ton de ces pochoirs, s'adressant avec une politesse insincère à l'institution (plutôt qu'à l'exposition) – «*Dear documenta*» – le graphisme répondrait sous la forme de l'imitation ironique, sûr de lui, depuis sa position dominante.

Mais ce serait trop mélanger les genres qu'à vouloir confondre les différentes parts qui constituent la documenta sans y apporter de nuance. Il y a d'une part l'institution, nommée documenta und Museum Fridericianum gGmbH, le commissariat général de la quatorzième édition et les artistes invités, et les designers graphique. On l'a dit plus haut, les intérêts des uns et des autres sont intrinsèquement liés car ils ont décidé de travailler ensemble au-delà des forces parfois contradictoires qui les traversent: les exigences économiques de visibilité des uns imposent aux autres une certaine police, pour reprendre les mots de Jacques Rancière. Ce que nous nous efforçons de regarder ici ce sont des images relevant du graphisme, conçues pour un projet unique, mais un commanditaire dédoublé: le *board* de la documenta et Adam Szymczyk. Des images prises en sandwich donc, avant même de considérer les demandes plus pragmatiques de l'équipe des chargés de la communication. Je préfère donc tenter une autre hypothèse que l'imitation ironique: ce geste appropriationniste serait un signe de la reconnaissance d'une quatrième voix, celle des auteurs du graffiti et, plus largement, des opposants ou réfractaires au déroulement de la documenta 14 à Athènes.

En passant par les formes plutôt que les mots, les intentions de Vier5 ne sont bien sûr pas clairement énoncées, ni au «grand public» ni aux auteurs du graffiti. Qui plus est, passer par la forme essentielle des lettres, et non par leur reproduction photographique, est un pari qui éloigne du jeu de la reconnaissance une partie du public qui ne prête généralement guère attention à la typographie. Le pari est sûrement tout autre. En répondant aux auteurs des graffitis par voie de formes, comme on dirait par voie de presse, Vier5 tente d'engager une sorte de dialogue avec ceux qui, premiers concernés et mobilisés, ont produit les pochoirs, dialogue dont on sait qu'il ne peut pas commencer avant la reconnaissance de son interlocuteur, préalable à tout échange. À travers les documents qu'ils ont mis en page, les graphistes reconnaissent ainsi l'existence de ces graffitis: de la réception polémique de l'événement dont ils ont en charge de faire la promotion, ils établissent d'une certaine manière ce que certains nomment un «contrat de communication», ou tentent d'établir une situation de communication qui permette ainsi la controverse[25]. Cette situation de communication pourrait s'entendre ici comme la mise en place d'un lieu favorable au dialogue, là où habituellement il est absent, par la prise en compte du contexte.

25. Patrick Charaudeau, «La situation de communication comme fondatrice d'un genre: la controverse», dans Michèle Monte et Gilles Philippe (dir.), *Genres & textes. Déterminations, évolutions, confrontations*, Lyon, Presses universitaires de Lyon, 2014, p. 49-57.

S'il est bien une manière convenue de faire graphisme, c'est de s'intéresser justement au contexte, ce qui ne veut pas dire s'intéresser au sujet. Souvent caricaturé, le contexte se résume la plupart du temps à une proximité de formes et de gestes déjà là, formes et gestes issus bien souvent de l'histoire et du patrimoine. Ici, le contexte dont s'empare Vier5 est plutôt une situation : la réception polémique de la documenta, dont les tout premiers pochoirs sur les murs de la ville sont la représentation et, par extension, déjà une certaine image de la documenta même. Il s'agissait donc pour les graphistes de s'approprier cette image pour s'accorder avec ses auteurs. En s'emparant de ce contexte plutôt qu'en empruntant aux images d'Épinal de l'Antiquité ou de la démocratie originelle, les graphistes de Vier5 affirment l'existence de la controverse et s'accordent, à égalité et grâce au graphisme, avec celles et ceux pour qui la mésentente est vive :

> Il y a de la politique quand il y a un lieu et des formes pour la rencontre entre deux processus hétérogènes. Le premier est le processus policier au sens que l'on a tenté de définir. Le second est le processus de l'égalité. Entendons provisoirement sous ce terme l'ensemble ouvert des pratiques guidées par la supposition de l'égalité de n'importe quel être parlant avec n'importe quel autre être parlant et par le souci de vérifier cette égalité[26].

26. Jacques Rancière, *La Mésentente*, *op. cit.*, p. 53.

La vie des murs à Athènes a fourni un cadre, une scène d'énonciation, propice à cet échange. Les devantures des magasins fermés et les murs du centre-ville sont remplis d'affiches politiques. En raison du manque de supports d'affichage officiels, toutes les surfaces possibles sont investies, et les affiches politiques côtoient les affiches commerciales. Encore aujourd'hui, l'activisme politique trouve sur les murs d'Athènes un espace symbolique d'échange où les collectifs proposent un discours alternatif à celui des médias dominants. Que ce soit à travers les affiches ou les graffitis, les opinions se rencontrent à même les murs, et les groupes politiques échangent par murs interposés[27]. Les situations de crise les plus aiguës ont contribué à renforcer cette vivacité[28]. Ce n'est donc pas tant que les décisions graphiques de Vier5 ont ouvert un espace pour cette controverse, mais qu'elles ont profité d'un espace déjà existant, le peu de supports institutionnels disponibles ayant amené les affiches de la documenta 14 à se retrouver exposées sur les mêmes murs que les graffitis et affiches critiquant son existence. Suite à l'apparition de ces premiers pochoirs – on l'a précisé, bien antérieure à l'ouverture de l'exposition –, de très nombreuses autres formes de protestation ont envahi les murs de la ville en 2017, sous la forme de nombreux slogans (« *The crisis of commodity or the commodity of crisis?* »), de jeux avec les mots

27. Angelos Evangelinidis, « Protest Posters and the Political Street Art Universe in Greece », dans *UXUC*, vol. 2, nº 1 : « Art's Dialectical Role in Urban Struggles », Lisbonne, Université des beaux-arts de Lisbonne, 2020.
28. Vivacité qui s'est transformée en propositions touristiques, des compagnies offrant sur leur site internet une visite d'Athènes tournée vers la vie alternative de la ville à travers ses murs, comme ici : alternativeathens.com/tours/street-art-tour, consulté le 28/03/2023.

(«Crapumenta 14», «Nocumenta», «*Learning from Capitalism*», «*Learning from Fearfulness*») ou encore de références précises à des œuvres exposées (le graffiti «*I want a ponyyyyyyyyyyy…*» faisant référence à l'œuvre de Ross Birrell, *The Athens–Kassel Ride: The Transit of Hermes*, pour laquelle plusieurs cavaliers ont effectivement fait le voyage de Kassel à Athènes à cheval), confirmant, s'il le fallait, que le rejet ou le conflit n'était pas le fait unique de personnes coupées des enjeux de la documenta. S'il faut bien avouer que la réponse de la rue à la documenta n'avait pas besoin de l'autorisation des graphistes pour exister, l'usage quasi exclusif du noir et blanc par Vier5 et l'esthétique rudimentaire de leurs caractères, ainsi que la décision d'assumer une communication qui s'affiche au même endroit que ces voix opposées, donnent à lire cette scène comme une dispute graphique qui accueille la documenta au sein de ses participants.

Un deuxième geste appropriationniste a participé à prolonger cet espace où le conflit pouvait s'exprimer, à l'opposé du premier, depuis le point de vue des contestataires. Une affiche très présente dans les rues d'Athènes arborait le titre de la documenta 14, *Learning from Athens*, composé avec le caractère Pueblo de Vier5 et le logotypique «14» dans un coin. Celle-ci paraît être une affiche officielle tant par son graphisme que par l'absence de tout autre texte. Peut-être qu'un œil avisé pouvait se questionner sur la présence de la chouette, logo alternatif dessiné par Julia Born et Laurenz Brunner en 2015 pour le site internet et les réseaux sociaux de la documenta, mais absent du graphisme de Vier5. Ce qui marque son origine «pirate» se loge dans les détails, c'est une rature suggérant une nouvelle lecture du titre: le «L» de *Learning* est abîmé, gratté, et le titre peut se lire alors ainsi: «*Earning from Athens*», soit «Gagner de l'argent sur le dos d'Athènes». La comparaison de la mise en page précise du titre dans le format et des caractères avec les supports de communication officiels de la documenta montre que ceux-ci ont été numérisés depuis les documents originaux. Mais la présence, à l'identique, de la rature sur toutes les affiches, montre qu'elle est un élément graphique. À la manière de Vier5, les «graphistes» de cette affiche n'ont pas ajouté du texte pour «parler», mais ils ont utilisé la matière graphique, la typographie, pour répondre au titre-slogan de l'exposition. Le fait qu'elle partage les mêmes murs que les affiches officielles et la discrétion de son effet graphique ajoutent à la confusion. C'est ainsi que certaines de ces affiches ont d'ailleurs été à leur tour modifiées, à l'aide de bombes aérosol ou de marqueurs, ici pour insister sur la rature – le «L» étant plus fortement effacé à l'aide de peinture noire –, ou là avec l'ajout d'un «Un» tracé en rouge pour modifier encore l'énoncé original: «*Unlearning from Athens*».

La richesse de ces interventions s'inscrit dans la tradition des affichages politiques à Athènes et leur capacité à offrir un lieu propice à l'échange à même les murs. C'est également le lettrage complet, déjà emprunté par les graphistes aux pochoirs d'Eirene Efstathiou et ses amis, qui s'est vu réapproprié sur d'autres affiches. Le lettrage, qui devient alors un simple logo détourné dans la tradition des Adbusters, est accompagné d'un animal en noir et blanc (sûrement en écho à la chouette de Julia Born et Laurenz Brunner) et sous-titré: «*The usual way to preserve conformity is through pseudo-criticism against it*[29]» composé en *Mistral* et en capitales – un choix typographique qui, par mimétisme, compense la non-disponibilité commerciale du caractère de Vier5. Ailleurs, ce sont des graffitis qui détournent ce «logo» en un «*DOCUMENTmyAss*» plus direct.

Peint en haut d'un bâtiment abandonné, idéalement situé face au principal lieu d'exposition de la documenta, le Musée national d'art contemporain (EMST), le slogan «*Welcome and Enjoy the Ruins*» reprend également les formes typographiques dessinées par Vier5. Réalisé par le graphiste et illustrateur Nektarios Pappas, ce lettrage, qui reprend la forme générale du Pueblo avec les imprécisions dues à la réalisation en grand format et à l'invention de quelques lettres manquantes au modèle, est aussi distribué sous la forme d'un T-shirt sur le site de l'illustrateur. Le choix par Pappas de ce caractère en particulier n'est peut-être pas plus qu'une intuition formelle commode, mais l'utilisation du Pueblo par Vier5 pour la signalétique discrète de la documenta pourrait, rétrospectivement, nous amener à penser que ce graffiti signale en grand le champ de ruines économiques en arrière-plan, Athènes n'étant après tout, pour le visiteur étranger et fugace de la documenta, qu'une image de plus ou le décor nécessaire à la lecture des œuvres du musée.

29. «La manière habituelle de préserver la conformité consiste à faire des pseudo-critiques à son encontre» [traduction de l'auteur].

Affiche de Vier5 pour la documenta sur un mur à Athènes, 2017.

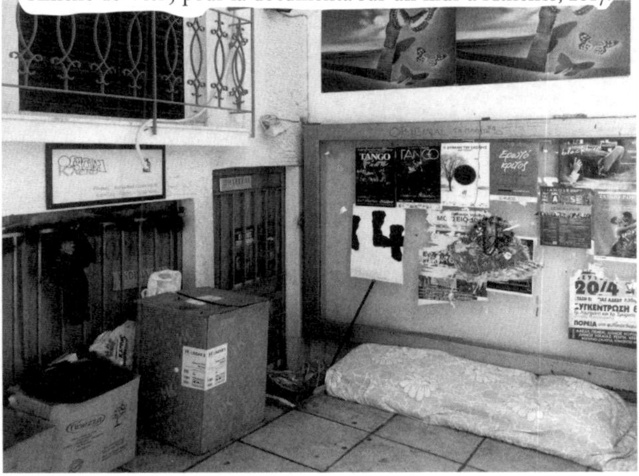

Affiche anonyme modifiée, 2017.

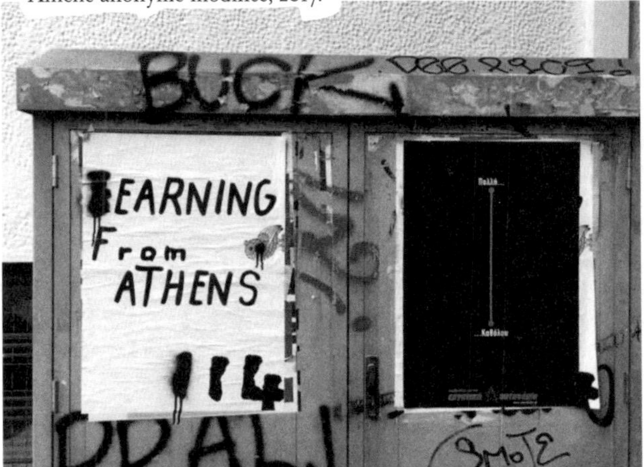

Graffitis relevés à Athènes, 2017.

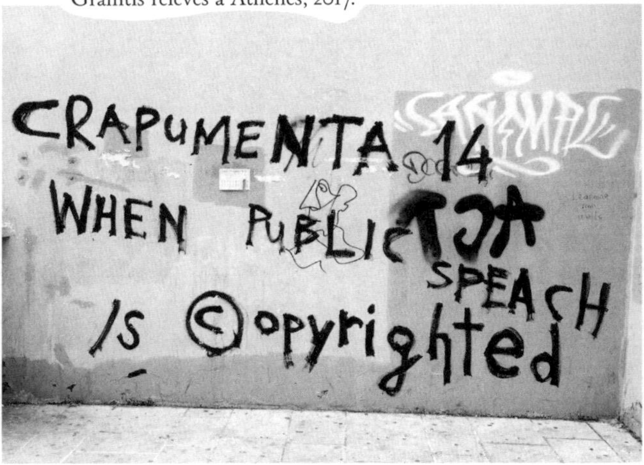

↓

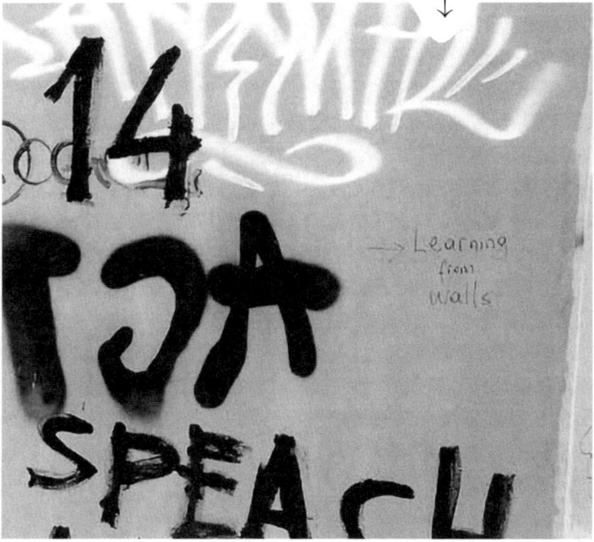

C'est un dernier graffiti, introduit comme de nombreux autres à cette période par la mention «Crapumenta 14», qui pourra conclure cette incomplète série d'exemples. Inscrits en grand et à la bombe sur un mur déjà bien rempli, les mots «*When public speach is ©opyrighted*[30]» semblent signaler que ce jeu graphique où chacun emprunte aux formes de l'autre est bien identifié, et une inscription bien plus petite, sur le même mur, pointe ce premier slogan et le commente ainsi: «*Learning from walls*», l'enseignement des murs. Si le rédacteur de la note semble clore la discussion, il reconnaît peut-être, lui aussi, la présence graphique de la documenta comme un interlocuteur en concurrence avec lui sur le terrain du conflit. Confrontés à des forces divergentes tant en dehors qu'au sein de la documenta, la tentative par Vier5, à travers le graphisme et la migration des formes graphiques qu'ils initient, de mettre en tension les différents participants à cette mésentente crée une situation politique, revenant à nouveau sur les mots de Rancière:

> L'activité politique est celle qui déplace un corps du lieu qui lui était assigné ou change la destination d'un lieu; elle fait voir ce qui n'avait pas lieu d'être vu, fait entendre un discours là où seul le bruit avait son lieu, fait entendre comme discours ce qui n'était entendu que comme bruit[31].

30. Difficilement traduisible, ce graffiti peut se comprendre comme une affirmation de l'appropriation du discours public par la documenta, une parole libre soumise alors à la contrainte du droit d'auteur.
31. Jacques Rancière, *La Mésentente*, *op.cit.*, p.52.

Faire, sincèrement

Il y a dans l'activité politique, telle que la décrit Jacques Rancière dans les pages de *La Mésentente* qui nous ont accompagnés jusque-là, une volonté de transformation : transformation de l'ordre policier pour accueillir la parole de ceux qui n'en ont pas, déplacement des corps pour s'assurer de leur droit à être écoutés. En somme, la politique c'est le dissensus, et pour que ce dernier ait lieu, il est d'abord nécessaire de donner le privilège de la parole à ceux dont les fonctions ordinaires de la voix ne leur permettent pas d'être pleinement entendus. Autrement dit, il faut qu'un espace soit ouvert pour que leur parole participe entièrement au litige. C'est un peu ce que ces trois projets de graphisme, rapidement parcourus ici, tentent de faire. Mais, loin de penser ces exemples comme une manière pour le designer graphique de prouver son engagement, ces projets nous auront permis de questionner à qui et à quoi le graphiste prête sa voix dans la construction de ses images.

S'il ne faut pas confondre production de savoir et mise en forme graphique du savoir (et ne pas confondre par là même savoir et information, ou information et publicité), le concept de savoir situé développé par Donna Haraway[32] peut nous aider à envisager la place des connaissances propres au designer graphique dans la circulation des savoirs et, par extension, celle des informations de toutes sortes.

32. « Savoirs situés : la question de la science dans le féminisme et le privilège de la perspective partielle » [1988], dans Donna Haraway, *Manifeste cyborg et autres essais. Sciences, fictions, féminismes*, Paris, Exils éditeur, 2007.

Ainsi, dans les productions visuelles que nous avons observées, les designers ne produisent pas tant un savoir supplémentaire à celui dont ils ont à charge la mise en forme qu'ils ne ménagent des espaces dialogiques qui donnent voix à des significations plurielles et antagonistes. Depuis leur position, leur «perspective partielle» comme la nomme Donna Haraway, les designers graphique investissent leur savoir spécialisé, pris dans le jeu des signes et des discours, pour mettre au jour ces forces divergentes, et partager plus largement dans leurs images la situation dans laquelle elles apparaissent et se déploient.

Cette perspective partielle n'est pas des plus commodes. On l'a dit, les relations commerciales qui lient un graphiste à son commanditaire n'accueillent pas facilement le débat ou la contradiction, et il existe d'autres lieux où le designer peut vivre son engagement politique, qu'il s'agisse de travailler pour des commanditaires dont le politique est la raison d'être (syndicats, partis, associations) ou d'initier une production militante autonome[33]. Pourtant, sans remplacer ces autres modes d'action, la force des projets présentés ici réside bien dans leur inscription, dans l'exercice même du métier et depuis l'endroit de la commande, sur les lieux du conflit. Ces occasions auront sûrement été rendues possibles car les commanditaires s'en sont fait les complices, dans la mesure où ils sont les partenaires des graphistes à qui ils ont confié la médiation de leurs activités, et

33. Le designer Sébastien Marchal est un bon exemple de ces possibles. Il poursuit tout autant une production d'affiches militantes sans commanditaire que le développement de supports de communication pour des clients comme l'association Acrimed, ou encore la CGT.

conscients que celles-ci ne peuvent se suffire d'images à la seule visée «commerciale». Car ce type de commande, relevant du «graphisme culturel», n'échappe pas aux travers de la publicité commerciale où les formes[34] entretiennent des relations superficielles avec leur sujet, ici l'institution et ses propositions, la réalité des pratiques ou les enjeux propres aux champs culturels concernés.

Le graphisme ne se fait pas sans une certaine falsification de la réalité sociale des choses et les gestes graphiques que nous avons observés révèlent en quelque sorte, dans leurs formes mêmes, ces arrangements de tous les jours, car ils nous montrent ce qui justement fait souvent défaut. En passant par le graphisme plutôt que par les mots, Speculoos, Jan van Toorn ou Vier5 cherchent une forme de sincérité là où il est entendu qu'elle manque généralement. Il n'est guère prêté de sincérité au champ du graphisme de communication duquel on attend une forme naïve d'enthousiasme envers son sujet, peu importe l'intelligence graphique que l'on y met. Une belle image coûte que coûte. Encore une fois, il en est ainsi de l'ordre policier qu'il est si difficile de dépasser[35], et les injonctions en termes de politiques culturelles n'aident pas. Il me semble néanmoins que ce dépassement est aujourd'hui nécessaire pour que le public, spécialisé ou non, qui fréquente les lieux culturels ne

34. Que le graphisme soit savant ou populaire, coloré ou minimal, ne change pas fondamentalement cet état des choses qui ne dit rien de la qualité intrinsèque des formes graphiques et de leur conception ou de la qualité des échanges entre le designer et son commanditaire.

35. C'est précisément ce sentiment qui m'a conduit à cette recherche, mon activité de designer graphique étant elle aussi traversée par ces difficultés dont on ne sait que faire.

soit pas tenu à l'écart des réflexions et des tensions qui les habitent, un dépassement qui serait un acte politique capable «de sauver le sensible hétérogène qui est au cœur de l'autonomie de l'art et systématiquement de son pouvoir d'émancipation[36]», pour revenir sur les mots de Jan van Toorn.

Parce qu'ils reconfigurent un espace sensible en prenant l'image comme on prend la parole, et en la donnant à ceux qui ne l'ont pas, les designers graphique doivent pouvoir, quand il est besoin de le faire, représenter toute la réalité des choses ●

36. Jan van Toorn, *Design's Delight*, *op. cit.*, p. 208 [traduction de l'auteur].

Addendum

Suite à l'écriture de cet essai, Achim Reichert m'a informé de la restauration du graffiti *Welcome and Enjoy the Ruins* de Nektarios Pappas, en face du Musée national d'art contemporain d'Athènes (le graffiti original est reproduit page 4 et j'en propose une lecture page 50). Depuis 2017, l'hôtel de standing sur lequel l'inscription prenait place a été rénové et l'*artist-run space* Closing Soon a supervisé la restauration de l'inscription avec l'artiste. Son inauguration s'est tenue le 29 juin 2023.

La première partie seulement du graffiti a dû être repeinte (*Welcome and Enjoy the*) après la pose du nouvel enduit sur les murs. Le dernier mot se trouvant sur le bâtiment adjacent a gardé, lui, son aspect original. Devenu peinture murale, ce lettrage approximatif est maintenant figé; les nouvelles lettres ont été retracées, d'après le dossier de presse, à partir de documents photographiques, devenant par là une image d'elles-mêmes.

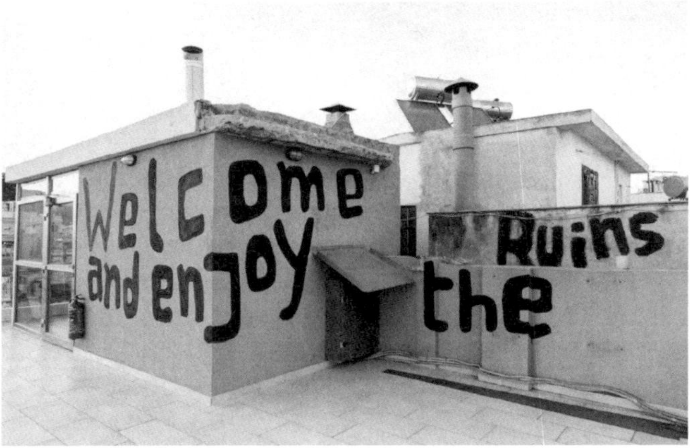

Nektarios Pappas, *Welcome and Enjoy the Ruins – Restoration*, 2023, Syngrou Fix Hotel, Athènes. Photo: Nikos Katsaros

Speculoos, journal de l'exposition
Africa. Avance rapide (édito, page 2).

Ce livre a été réalisé avec le soutien de la Région Occitanie / Pyrénées-Méditerranée et d'Occitanie Livre et Lecture.

La Région Occitanie Pyrénées · Méditerranée

Couverture : Quatre affiches anonymes détournant
le titre de la documenta 14 dans les rues d'Athènes, 2017.